親の介護を考え始めたら読む本

柴田元
SHIBATA HAJIME

幻冬舎MC

親の介護を考え始めたら読む本

はじめに

親が若くて元気だと、子どもは介護なんてまだまだ先のことだと考えてしまいがちです。しかし、親も一人の人間です。高齢になると急に倒れたり、認知症を発症したり、骨折などをきっかけに歩行困難になったりすることは珍しくありません。ある日病院から「お母さまが転倒した際に骨折してしまい、入院している」と連絡が来て、突然介護が始まることも少なくないのです。

私は、福岡県久留米市にあるリハビリテーション病院の院長を務めるかたわら、久留米市の地域包括支援センターを統括する理事長として、地域の高齢者が住み慣れた場所で安心して暮らし続けられるサポートをしています。

地域包括支援センターとは、介護が必要になったらまず頼るべき地域の総合相談窓口です。全国すべての市町村に設置されており、高齢者本人やその家族から介護や医療、福祉、生活に関する相談を受けて、専門の職員が介護サービスや介護予防サービス、保健福祉サービス、日常生活支援などの適切なサービスにつないだり、ケアプランを作成したりして介護支援を行っています。例えば介護サービスを受けるためには要支援・要介護認定を申請する必要がありますが、認定されたあと、どんなサービスを受けるべきかのアドバイスを行ったり、各種手続きのサポートをしたりすることも地域包括支援センターの役割の一つです。

突然介護が始まってしまい何から手をつけるべきか分からずパニックに陥る前に、親の老いや介護で困ったときにどこに何を相談し、どんな支援を受けられるのかを知っておけば、いざというときに慌てずに対応でき、高齢の親にとっても自分にとっても最善の選択ができることと思います。

本書では、本格的な介護が始まるとどんな手続きが必要なのかや介護保険制度の利用の仕方、介護サービスの種類などを分かりやすく解説します。

本書を通じて、大切な親を敬い、温かく見守っていける家族が増える一助になれば、たいへんうれしく思います。

目次

第1章

介護費用の負担、仕事と介護の両立

誰もが直面する親の介護問題

第2章

介護を始めるために真っ先に必要な手続き
要介護・要支援認定とは

第3章

賢く利用することが介護をラクにするコツ

知っておくべき介護保険制度の基礎知識と利用方法

第4章

地域包括支援センターは地域の総合相談窓口
介護に対する不安を解消した12のケース

第1章

介護費用の負担、仕事と介護の両立

誰もが直面する親の介護問題

誰もが避けられない「親の老い」

現代は、昔に比べて人生がはるかに長くなりました。

私は2024年3月時点で72歳ですが、私が生まれた1951年当時の日本人の平均寿命を見ると男性が60・80歳、女性が64・90歳です。これは平均値ですから、当然これより長生きする人たちもいましたが、一方で50代や60代前半で人生を終える人たちも少なくありませんでした。まさに「人生50年、60年」という時代だったのです。

それに対し、厚生労働省の「簡易生命表」によると2022年の平均寿命は男性が81・05歳、女性が87・09歳です。戦後70年余りの間に国民の寿命が20年以上も長くなり、世界的にも長寿国として知られるようになりました。今では平均寿命をはるかに超えて90年、100年という長い人生を送る人も珍しくありません。

国内の100歳以上の高齢者数は、老人福祉法が制定された1963年にはわずか153人だったそうです。それが現在では9万2139人（2023年）と実に600倍に増加しています。国民全体としても人生50年のちょうど倍にあたる「人生100年」時代がまさに到来しようとしています。

多くの人が長生きできるようになったこと自体はたいへん喜ばしいことです。その一方で多くの人が直面することになったのが親の高齢化です。現代では子ども世代も高齢化しているのに親の介護をするという「老老介護」すら当たり前のようになってきています。

しかし、年をとれば足腰が弱ったり、認知機能が衰えたりすることは頭で分かっていても、「うちの親だけは大丈夫」と根拠のない自信をもっている人も少なくありません。おそらく子どもの頃の頼もしかった親像をそのままもち続けているのだと思います。私の病院でも、外来の診察で親の認知機能の低下について触れると「先生はうちの親をすぐ認知症扱いする」と言って憤慨される家族がいます。また救急搬送されてきた80代の親について「うちの親は死なないと思っていました」と真顔で話していた50代の娘もいました。

ふつうに考えればあり得ないと笑い話になるところですが、立派だった親の老いを認めたくない、あるいは大切な親を失いたくないという願望のみが先行し、親の老いから目を背けてしまう家族は決して珍しくないのです。

いずれ直面する介護問題や住居問題

高齢者となり寿命をまっとうするときまで、若いときと同じように健康でいられる人はそう多くありません。

当たり前のことですが、どんな人でも年をとれば、加齢に伴って心身にさまざまな変化が生じます。例えば心臓や肺、肝臓、腎臓などの多くの臓器は加齢とともに働きが低下します。そのため全身の血液循環やエネルギー代謝が悪くなり、高血圧や糖尿病、脂質異常といった生活習慣病を抱える人が増えます。こうした生活習慣病を長く患う人は脳卒中や心筋梗塞といった命に関わる病気のリスクも上がります。

また加齢により筋肉量が減り、筋力が低下します。筋肉量は20歳頃をピークとしてその後は少しずつ減り始め、70代では平均して20歳頃の4割程度にまで減ってしまいます。さらに視力・聴力といった感覚器やバランス感覚、骨も弱くなりますから、ちょっとつまずいただけで転倒・骨折することもよくあります。

さらに認知機能も加齢によって低下します。認知症の有病率は70代前半では4・1％と少数ですが、80代前半では21・8％と5人に1人の割合になります。80代後半では41・4％、90代前半では61・0％と半数以上に上ります。年をとれば認知症があるのがふつうになっていくわけです。誰の親でもそうして全身に衰えが見られるようになっていくのですが、そうなると避けられないのが親の介護問題です。

例えば「誰が親の介護を担うのか」という一点でも、これという正解がない難しい問題です。かつては親の介護は長男の妻が主な担い手でした。その是非はともかく、かつてのような家制度がなくなり、子ども（兄弟姉妹）の人数も少なくなった現代では介護を担う人も家族によって千差万別です。子どもたちの生まれ順や性別、既婚・未婚の別、有職者かどうかなどはほとんど関係がなく、仕事をもつ現役世代の男性が主たる介護者になることも増えてきました。また都会に住む子どもが田舎の親の遠距離介護をするケースも多々あります。まさに現代では誰にとってもひとごとではないのが親の介護問題です。

親の介護では、高齢期の親の住まいをどうするかというのも大きな悩みです。

おそらく親が高齢でも両親が健在の間は、そのまま慣れ親しんだ実家で暮らす場合が多いと思います。しかしどちらかが先に亡くなり、高齢の親が一人になると「心配だし一人にしておけないのでは……」と考える家族は少なくありません。

特に脳卒中の後遺症や筋力低下で歩行が不安定になっていたり、認知機能が少々怪しくなっていたりするような場合、家族は「火の不始末で近所に迷惑をかけないか」「自宅で転んで動けなくなったらどうするのか」「知らないうちに倒れて孤独死したら……」と不安が高まってくるのだと思います。

一人にしておくのが心配だとなると、子ども世帯の家に呼び寄せて同居をしたり、子どもの住まいから近い高齢者住宅に呼び寄せたりという選択肢も出てきます。しかしそうすると、親は長く住み慣れた地域を離れることになります。住み慣れた地域では道で会えば立ち話をする友人もいますし、自分のペースでできる畑仕事もあります。しかし都市部に来るとそういったちょっとした楽しみや暮らしの張りになる活動がなくなってしまいます。高齢になるほど新しい環境になじむこと自体が難しくなり、うつ症状が出てきたり、元気を失ってしまったりするケースも少なくありません。

また、長い間離れて生活をするうちに、互いの生活様式が変わっていることも難しい問題です。掃除の仕方や食事、生活の時間帯などそれぞれの好みやペースなどが違っているとなかなかしっくりくるまでには時間がかかります。さらに同居のために呼び寄せた親に認知症や介護の必要があると、呼び寄せた側は家族ぐるみで親の世話にかかることになり生活は一変します。こういった状態が続くとけんかが起きたり介護放棄につながったりするため、簡単に介護が必要になった親を同居させるといっても難しい問題なのです。

ちょっとした入院で要介護へまっしぐら

親の介護が必要になると、子どもはちょっとした体調の悪化でもたいへん心配してしまいます。しかし、心配だからといって安易に検査入院させたところ、逆に体調をくずして要介護になってしまう、という例もあるので診察や入院は事前に医師と十分に話し合って、メリット・デメリットを理解してから判断することが必要になります。

あるとき、私の病院に二人暮らしをしていた80代の母親Aさんとその息子が受診しにやって来ました。Aさんが最近、食欲もなく元気がないので息子が心配していたところ、近所の人の勧めもあり、総合病院に1週間程度検査入院したそうです。検査結果は特に異常なしということで自宅退院となりましたが、帰宅してからほぼ寝たきりになってしまい、リハビリ目的で入院させてほしいという依頼でした。

前の病院では入院翌日から血液・尿検査、心臓・腹部エコー、胃カメラ、大腸カメラ、全身CT検査などを行い、がんが疑わしいということでPET検査まで行ったそうです。結果は軽い高血圧とコレステロール値が高い以外は特別の異常は見当たらず、胃薬、抗認知症薬、骨粗鬆《こつそしょう》症薬、コレステロール低下薬、睡眠導入薬が処方されて退院になったということでした。

一般の人は、なぜこれで寝たきりになるのかと不思議に思う人も少なくないと思います。その理由は簡単です。多くの検査はだいたい朝絶食で実施されます。つまり、入院後毎日のように検査が予定されると、ほぼ毎日朝は絶食になってしまうのです。もちろん検査後に遅れて食事は提供されますが、もともと食事が食べられなくなったための検査入院ですから、慣れない入院生活でますます食欲が低下したAさんはほとんど点滴で栄養補給をしてもらっていたようです。さらに検査時以外は終日ベッドの上で1週間も過ごしていれば、高齢者はあっという間に筋力・体力が落ちてしまいます。検査入院ではリハビリもありませんから、自力では起き上がれないくらい衰弱が進んでしまったわけです。

親が高齢であるほど、わずか1週間の検査入院でも心身への負担や衰えは決して小さくないのです。

介護費用の負担

また「介護とお金」についても情報収集が大事です。今は介護保険制度がありますから、少ない費用で介護を受けられるイメージがあるかもしれませんが、介護保険の自己負担限度額は要介護度によって変わり、要介護度が高くなればそれだけ自己負担額も高くなります。

要介護１の人の月当たりの自己負担額（１割負担）は１万６７６５円ですが、要介護５になると自己負担額は３万６２１７円に上昇します。さらに介護保険以外にも通院や薬にかかる医療費、介護用の食品や衣類、紙おむつなどの消耗品の購入費などもあります。こうしたものを総合して、介護にかかる費用は一人あたり平均して約５００～６００万円といわれています。およその内訳は、住宅の改修などにかかる一時的な費用が約74万円、月々の介護費が平均８万３０００円、介護期間が平均５年１カ月です（生命保険文化センター、２０２１年度）。もちろん病状や要介護度によっても費用は変わりますし、自宅で介護をするのか施設に入居するのかでも異なります。施設に入所する場合、公的な介護保険施設であれば比較的費用負担が少なくなりますが、例えば特別養護老人ホームでも施設サービス費、居住費、食費、日常生活費などを合計すると月々の費用は10万円以上になります。民間の有料老人ホームであれば入居金に加え、月々20万円以上かかるケースも珍しくありません。

また親の認知症が進んでくるとお金や財産の管理が難しくなることがよくあります。買い物で支払いができない、財布の中にやたらと小銭が入っている（小銭の計算ができなくなるとお札ばかりを使ってしまう）、通帳や印鑑などの保管場所が分からなくなるといった問題が起きるケースは少なくありません。

仕事と介護の両立は難しい

高齢の親の介護に関して、大きな社会問題になっているのが「介護離職」です。

親の介護が必要になると、現役世代の人は仕事にもさまざまな影響が及びます。通院や手術などの付き添いはもちろん、病院からの説明や介護について関係者と相談をするなど、平日の日中に対応しなければならないことが多々あります。そのため仕事を早退したり休んだりすることが増えて職場にいづらくなり、退職を検討するようになる人は少なくありません。また高齢の親が関節疾患や認知症などで自立した生活が難しくなってくると、家事などの生活支援も必要になります。特に親がホームヘルパーなど外部の人が家に入るのを嫌がる場合、家族が平日の仕事後や週末に頻繁に親の家に通い、介護をすることになります。こうなると介護をする人が心身を休める時間がほとんどとれなくなり、体力的・精神的に限界を感じて離職につながってしまうこともあります。

厚生労働省の雇用動向調査によると、２０２１年に「介護・看護」を理由に離職した人は約９万５０００人に上っています。性別では女性が約７万１０００人、男性が約２万４０００人と、女性のほうが3倍近く多くなっています。離職した年齢では男女ともに「55～59歳」の割合が最も高くなっています。子どもが50代後半になる頃には、親は70代後半から80代になっています。おそらく親が脳卒中などの大きな病気をしたり、認知症の症状が進んできたりなどして、やむにやまれず退職を選んだ人も多いのではないかと推測します。

もちろん家族の状況も親の健康状態も、家庭の経済事情もそれぞれですから、介護離職のもつ意味は家庭によって変わります。しかし就労して得る給与が主な収入源の人にとっては、50代での離職はリスクがかなり大きいといえます。介護期間中の収入がなくなり、時には預金を取り崩すことになる場合もあります。介護が終わったあとに再就職しようとしても年齢的にかなり厳しく、子どもが介護後の生活に行き詰まってしまうことも珍しくないからです。

認知症になると家族の負担や生活はどう変わる？

親の介護で家族が最も不安を感じるのが認知症です。症状が進んでくると物忘れが目立つようになり、買い物や調理、掃除、洗濯などそれまで当たり前にできていたことがだんだん難しくなります。よく知っている場所でも道に迷い、買い物に出たまま家にも帰れなくなるようなことがあれば事故のリスクも高まります。家族にとっては想像するだけで恐怖やショックを感じるようで「とりあえず病院を受診して治療を始めなければ」と思い詰めてしまう家族も多いようです。

ただ、ある程度の年になれば認知機能の低下が起こるのはごく自然なことです。80代にもなれば、検査をすれば多くの人に軽度の物忘れやその兆候が確認できます。ですが、多くは年相応の物忘れという程度で、日常生活で本人が大きく困ることがなければ、私は特別な医療行為は不要だと考えています。

しかし、最近では認知症も「早期発見・早期治療」のかけ声が大きくなり、少しでも認知症の初期症状があれば治療をしようという動きが盛んになっています。特に複数の認知症薬が保険適用になった２０１０年頃からは、その傾向が顕著になっています。

ただ従来の認知症薬には認知症そのものを改善する効果はありません。それより、期待するほどの効果を望めない薬が安易に処方され、薬剤による副作用のほうが問題になったり、本来行うべき生活支援や環境整備がおろそかになっていたりする場合を多々見受けます。

そもそも一口に認知症といってもアルツハイマー型認知症、脳血管性認知症、レビー小体型認知症、前頭側頭型認知症、老人性認知症はすべて違うものです。ですが、どれも一緒くたに扱われ、高齢者が飲む薬だけが増えているのが現実です。それなのに薬をやめるのも心配で病院通いをしてしまう人が多く、結果として薬漬けになってしまうのです。

詐欺被害や実家がごみ屋敷などの問題も

親が高齢になったとき、最近では介護問題のほかにも消費者被害などのトラブルもあります。体が元気で自分で生活できていても、高齢になり認知機能が衰えると判断力が低下し、訪問販売や電話勧誘などで必要もないものを高額な値段で買わされる悪質商法にひっかかったとか、振り込め詐欺や還付金詐欺などの被害に遭ったというニュースをよく見かけるようになりました。

そのほか不要な生命保険に加入させられた、金融商品を購入させられていたといったケースや、リフォームと称して不要な工事をして、不当に高額な代金を請求されるようなケースもあります。また最近ではインターネット通信販売や「定期購入」に関するトラブルも急増しています。消費者庁「令和５（２０２３）年版消費者白書」によると、２０２２年の消費者被害・トラブル額は推計約６・５兆円となり、過去5年間で最高額になっています。家族を装って電話をかけ、トラブルに巻き込まれたなどとうそをついて解決のための金を要求する、いわゆるオレオレ詐欺なども手口が非常に巧妙になっています。

高齢者の生活を守るためにはそうした被害を防ぐ対策も考えていく必要があるのです。

また認知症や精神疾患などがある高齢者は、症状が進んで自立した生活が難しくなってくると、ごみ捨ての方法が分からなくなり屋内にも物が散乱してごみ屋敷のようになってしまう例もあります。そうなると本人にとっても不衛生で危険ですし、夏場に虫がわくことやにおいの問題、さらには火災の恐れなどで近隣の住民にも迷惑がかかってしまいます。とはいえ客観的に見て明らかなごみであっても、他人が本人の許しなく処分することはできません。また半強制的に処分をしても、本人の生活支援を並行して行わなければ、またすぐにごみだらけに戻ってしまいます。体が元気だからと安心していると思わぬ落とし穴に陥ってしまうリスクもあるのです。

複雑化する介護保険、公的支援制度

介護が必要になった高齢者やその家族を支援する制度が介護保険です。この制度が導入されたのは2000年で、2024年時点で四半世紀が経とうとしていますが、介護保険制度が国民にとって分かりやすく、利用しやすいものになっているかというと、必ずしもそうとはいえない現実があります。

高齢化や核家族化のなかで家族の負担を軽減し、介護を社会で支えることを目的に、公的介護保険制度が創設されたことはたいへん画期的でしたが、現在の介護・医療の現場ではさまざまな問題が浮かび上がっています。

問題の一つ目は、年齢や要介護になった原因により、サービス対象に細かな制限が多いことです。日本での介護保険サービス支給対象者は65歳以上（第1号被保険者）か、40歳以上65歳未満（第2号被保険者）のうち加齢に伴う疾患および国が定める特定の病気、障害を有する人たちに限定されています。逆にいえば第1号被保険者（65歳以上）では疾患、障害を問わず全員が支給の対象となりますが、第2号被保険者（40歳以上、65歳未満）は病気や疾患によっては支給対象にはなりません。

例えば、特定疾病に該当する病気のうち、パーキンソン病や関節リウマチなど16疾病については介護保険の対象となりますが、それ以外の疾病は対象とはならないので注意が必要です。また、原則として加齢に伴う疾患、障害という前提があるため、第2号被保険者の場合は、同じ骨折後遺症でも骨粗鬆症に伴う骨折は介護保険の対象となりますが、交通事故などの外傷性骨折は対象とはなりません。同じく認知症でもアルコール依存型のものは対象から除外されます。

二つ目の問題は、高齢者を支える公的支援制度が介護保険と医療保険の二本立ての制度になっており、その違いが分かりにくいことです。医療保険は保険料さえ支払っておけば誰でも自動的に利用が可能ですが、介護保険サービスを利用する際には改めて介護保険の申請を行い、要介護者の認定を受ける必要があります。

さらに、この二十数年の間に医療制度、診療報酬体系は大きく変わってきていますが、介護保険による認定基準等は大きく変わっていません。発足当初の介護保険は、状態が安定した人が申請をすることを原則としていましたが、医療側の病床再編と地域医療連携システムにより患者は急性期や回復期病院に入院した状態の病状不安定のまま介護施設や在宅へ退院していくことが余儀なくされてきたため、認定作業が追いつかなくなったり、実態と異なる要介護度が出されたりするといった問題が出てきています。

三つ目は高齢者の増加に伴って国や都道府県による介護サービス、介護予防サービスはどんどん縮小されてきていることです。自立した高齢者から要支援の人への介護予防・日常生活支援サービスが市町村の総合事業としてスタートしたのは２０１７年です。同じようなデイサービスでも、介護保険によるものと市町村の総合事業によるものがあり、それぞれ利用できる範囲や費用なども異なるため、一般の人には非常に分かりにくくなっています。また、施設入所に際しても、比較的安価な特別養護老人ホーム（以下：特養）は要介護3以上でなければ入所できません。ちなみに介護老人保健施設は要介護1以上から入所できますが、中間施設的扱いのため、原則として長く入所していることはできません。また、治療費用も特養と異なり、すべて施設負担となりますので、高額な薬や外用剤を使用している場合は入所を断られる可能性もあります。

これらの課題からも分かるように、わが国の介護保険制度は場当たり的な改正により、複雑怪奇な制度になってしまっているのです。

親の介護と一言でいっても考えなくてはいけないこと、やらなくてはいけないことは多岐にわたり、子ども一人ですべてを請け負うのは非常に難しく、介護に疲れて親ともども倒れてしまうケースも珍しくありません。親にも自分にもできるだけ負担をかけないようにするためには、決して一人で抱え込まず、どこに相談すればよいのかをあらかじめ知っておくことが大切です。介護が始まるとどんなことが必要なのか、どんな公的なサービスを受けられるのか、正しい知識を身に付けておくことで、いざというときに慌てず介護をスタートすることができます。

図1　介護休業制度と介護休業中の経済的支援

介護休業制度等の概要

仕事を辞めることなく、働きながら要介護状態（※1）の家族（※2）の介護等をするために、以下の育児・介護休業法に基づく制度が利用できる。勤務先に制度がない場合でも、法に基づいて制度を利用できる（所定労働時間短縮等の措置を除く）。

※1 要介護状態とは?　介護保険制度の要介護状態区分が要介護2以上である場合のほか、介護保険制度の要介護認定を受けていない場合であっても2週間以上の期間にわたり介護が必要な状態のときには対象になる。

※2 家族とは?　配偶者（事実婚を含む）、父母、子、配偶者の父母、祖父母、兄弟姉妹及び孫

制度	概要
介護休業	要介護状態にある対象家族1人につき通算93日まで、3回を上限として分割して休業を取得することができる 有期契約労働者も要件を満たせば取得できる
介護休暇	通院の付き添い、介護サービスに必要な手続きなどを行うために、年5日（対象家族が2人以上の場合は年10日）まで1日又は時間単位で介護休暇を取得することができる
所定外労働の制限(残業免除)	介護が終了するまで、残業を免除することができる
時間外労働の制限	介護が終了するまで、1カ月24時間、1年150時間を超える時間外労働を制限することができる
深夜業の制限	介護が終了するまで、午後10時から午前5時までの労働を制限することができる
所定労働時間短縮等の措置	事業主は、利用開始の日から3年以上の期間で、2回以上利用可能な次のいずれかの措置を講じなければならない ・短時間勤務制度　・フレックスタイム制度 ・時差出勤の制度　・介護費用の助成措置 ※労働者は、措置された制度を利用することができる
不利益取り扱いの禁止	介護休業などの制度の申し出や取得を理由とした解雇など不利益な取り扱いを禁止している
ハラスメント防止措置	上司・同僚からの介護休業等を理由とする嫌がらせ等を防止する措置を講じることを事業主に義務付けている

介護休業中の経済的支援

雇用保険の被保険者が、要介護状態にある家族を介護するために介護休業を取得した場合、一定要件を満たせば、介護休業期間中に休業開始時賃金月額の67％の介護休業給付金が支給されます。詳細は、最寄りのハローワークにお尋ねください。

厚生労働省「介護で仕事を辞める前にご相談ください」より作成

第2章

介護を始めるために真っ先に必要な手続き

要介護・要支援認定とは

介護保険サービスを利用するのに必須な要介護・要支援認定

親が高齢化してきて日常生活にも不便を感じるようになり、いざ介護保険サービスを利用しようと決めてもすぐにサービスを受けることができるわけではありません。まずは要介護・要支援認定が必要になります。

65歳になると「介護保険被保険者証」が交付され、介護保険の加入者であることが証明されます。この被保険者証があれば介護保険サービスが受けられると勘違いしている人もいますが、これだけではサービスを受けることはできないのです。

介護保険サービスと一言でいっても、サービスを受ける人の状態により要介護度ごとの支給限度基準額が決められています。また、サービス利用料は実際のケアプランの内容によっても変わってきます。そのため、体の状態によってどのぐらいの介護や支援が受けられるのか判定を受けて初めて、介護保険制度は利用できるのです。

高齢になると、つまずいて転んだ、階段を踏み外した、など日常のちょっとしたアクシデントがきっかけとなり、そのまま介護や支援サービスが必要になることも考えられます。認定まではある程度の時間も手間もかかるので、一人暮らしで何かあっても家族の支援がすぐ受けられない、認知症の兆しがある、など少しでも気になることがあれば、あらかじめサービスが受けられるよう要介護・要支援を申請しておいてもいいと思います。もし認定されたら必要に応じてサービスを受けることもできます。また、時間をおいてサービスが必要になったときでも、あらかじめ認定を受けていれば現状での介護サービス（支援）を受けながら、状況に応じて区分変更を行うこともできます。

このようにあらかじめ要介護・要支援認定を受けていないと、いざというときにすぐにサービスが利用できない場合があるのです。

私が知っている例として、一人で元気に暮らしていたBさんという90代の女性がいました。腰は曲がっているけれど日常生活には支障はなく、もともと病院嫌いで後期高齢者健康診査も受けたことがありませんでした。Bさんにとっては、これまで病院をはじめひとさまのお世話になっていないことが自慢だったのです。周囲の人から高齢なので介護保険の申請をしておいたらどうかと言われても、かたくなに必要がないと断っていたそうです。

ところがある日、布団を干そうとしてつまずいてひざを強打してしまい、歩けなくなってしまいました。それでもBさんは病院には行かず、市販の湿布だけで自宅療養していましたが、ひざ痛のため買い物にも行けなくなってしまいました。そこで前に勧められた介護保険サービスを受けようと、近所のケアマネジャーに買い物のための訪問介護を依頼しましたが、要介護認定を受けていなかったため断られてしまったのです。

Bさんは「この年になるまで長年、医療保険・介護保険にお金を払いながら、医者にもかからず頑張ってきたにもかかわらず、動けなくなったというのに買い物も手伝ってくれないなんて」と、憤慨していたといいます。

私はBさんのように80代90代という高齢で特に一人暮らしの人は、いずれ介護サービスが必要になるということを理解して、折をみて申請だけはしておいたほうがいいと思います。そこで介護が必要と判定されれば介護保険サービスが使えますし、今はまだ介護が必要でない場合も、認定に必要な判定結果で自分の体の状態を知ることができるため、さまざまな介護予防支援事業につなげることもできるからです。

要介護認定を受けるには

介護保険の認定を受けるためには、まず居住地の市町村に申請書を提出することから始めます。市町村には名称はそれぞれですが介護保険の担当窓口があります。まずは電話や訪問などで相談してみるのがいいと思います。

申請後は市町村から訪問調査員が申請者の自宅など居住地を訪問して審査します。入院中であれば病院に訪問ということになります。いずれにしても事前に日程を調整して、心身の状態や生活環境などを調査します。

同時に主治医が市町村から依頼を受けて申請者の健康状態などを診断し、主治医意見書を作成します。普段から診察を受けているかかりつけ医が記入することが多いので、もしかかりつけ医がいないという場合には、今から自分に合った医院やクリニックを探して診察を受けておくと、健康状態などをよく把握しているため、意見書を書いてもらう際にもスムーズに進むと思います。

このような訪問調査と医師の意見書との二つの情報をもとに審査会資料が作成され、認定審査会で要介護度が審査されます。

審査は一次判定と、二次判定に分かれています。一次判定では厚生労働省が作成した一次判定ソフトが使用されます。訪問調査員が実施した基本調査74項目をもとにコンピュータの判定ソフトが、アルゴリズムに沿って介護にかかる予測時間を算出し、その結果に応じて非該当、要支援1・2、要介護1～5の8グループに振り分けます。

次に一次判定の結果を受けた介護認定審査会では、訪問調査の所見と一次判定結果に矛盾はないかの確認（ステップ1）を行い、主治医意見書の記載内容を加味して最終的な要介護度を決定（ステップ2）します。最後に認定期間（6～48カ月）を定め、必要に応じて介護状態の軽減または悪化防止に関する助言を付する（ステップ3）作業を行い、その結果が申請者に通知されます。申請から認定結果の通知までは、およそ1カ月を要します。

どれほど厳密に介護認定審査を行っても、必ずしも正しい審査結果が出るとは限りません。特に複数の病気や障害により入院中の患者の状態像を一人の調査員が1時間程度で把握できるものではありません。しかし、その調査結果で一次判定が決定されます。次に、二次判定では医師を含む5人の審査会員が資料をもとに二次判定を行います。しかし、これら審査会員は実際の申請者に会ったこともありません。提出された調査結果と主治医意見書をもとに、最も近い状態像の区分に振り分けているだけなのです。このため、本来の状態像とは異なった判定が出てもおかしくはありません。

ただし、審査結果に納得できないときや、高齢者の実態とかけ離れていると感じたときには「不服申立て」ができるので、市町村の担当職員や担当ケアマネジャー、最寄りの地域包括支援センターに相談するのが良いと思います。

また高齢者が突然の病気や事故で病院に入院した場合、体力低下や後遺障害などにより、介護サービスがなければ自宅に帰れないケースも出てきます。退院に備えて新規で要介護認定を申請する場合は、希望により医療機関の相談員が代行申請をしてくれます。すでに介護保険の利用を始めている人で、状態の変化により区分変更（要介護度の見直し）が必要なときや更新（期限切れの場合の継続目的）申請の場合は、それまでの担当ケアマネジャーが対応します。申請から要介護度の認定が出るまでおおむね1カ月はかかりますので、退院に合わせて事前申請をしておく必要があります。また更新申請は認定期限内に行うことが重要です。1日でも遅れれば申請切れとなり、最初からやり直しになってしまいますので注意が必要です。

要介護認定の申請に必要なもの

実際に要介護認定を受けるためには、まず認定を受けようとする人が住んでいる市区町村への申請が必要です。それぞれの役所・役場には担当の窓口があるので、連絡を取り「介護保険要介護・要支援認定申請書」を入手することから始めます。

自治体によっては公民館やコミュニティーセンターなどにも申請書が置いてあるので、近くの公共施設でも入手できるか確認してください。最近ではホームページからダウンロードできる自治体も増えてきているので、パソコンで申請書を入手することも可能になっています。久留米市では電子申請も受け付けています。

申請書には申請者の氏名、年齢、住所などの必要事項を書き込んで提出します。記入で注意が必要なのは「主治医」の記入欄です。要介護度の判定には医師に意見書を提出してもらう必要があります。かかりつけ医がいる人は医療機関名や医師名、連絡先を記入し、かかりつけ医にも介護保険の申請をする旨を伝えておくといいです。

申請書のほかにも介護保険被保険者証、マイナンバーカードやマイナンバーが確認できる書類、運転免許証などの身元が確認できる資料なども求められるので、あらかじめ用意しておきます。

認定調査はどこで受ける？

「介護保険要介護・要支援認定申請書」を提出後、おおむね２週間以内に役所の訪問調査員が高齢者の住まいを訪問し、現況調査を行います。入院中の場合は病室など病院の施設で受けることになります。

「訪問調査連絡先」の記入が求められるので、訪問調査に同席する家族などの連絡先を記入します。家族のなかでも、高齢者本人の健康状態や病歴、生活の様子をよく知る人が同席すると実態をふまえた調査になります。介護をする家族が複数いるときは家族のなかで誰が同席するのか、あらかじめ決めておくと安心です。

訪問調査では、調査員は国が指定した認定調査票（概況調査、基本調査74項目）に沿って約１時間の聞き取りを行います。基本調査では立ち座りや歩行などができるかを確認する「身体機能・起居動作」、食事や排泄、洗面などができるかを調べる「生活機能」、意思の伝達や記憶力などをみる「認知機能」、感情の不安定さや暴言などがないかをみる「精神・行動障害」、一人で外出や買い物ができるかなどの「社会生活への適応」といった項目について確認します。

高齢でもプライドが高い人や認知症、高次脳機能障害などがある患者は、調査員に何を質問されても「できます」と答えてしまい、実態より介護の必要性が低くなってしまう場合もありますから、本人だけでなく家族がサポートする必要があります。ただし高齢者本人の目の前で「実際はあれもこれもできていないでしょう」と衰えを指摘し、本人のプライドを傷つけるのは良くありません。家族から見た援助が必要なシーンや心配なことなどをメモにして調査員に渡すなどの工夫が大切です。

逆に介護サービスをたくさん受けたいからと、うその申告をしたり家族が本人に代わって過剰に介護をしたりすることで実態より要介護度が高く出る場合もあるので注意が必要です。逆に介護度が低いほどサービス利用時の一部負担金が安くなりますので、故意に介護度を軽く申告する事例も散見されますが、これはサービス事業者に対して不利益を生じさせることになるため避けなければならない行為です。

要介護と要支援状態の違い

介護サービスを受けるためには、介護の状態像によってサービスの内容が変わるため、要介護と要支援の違いを理解しておくことは大切です。

Ｂさんのように高齢でもトイレや食事にはそれほど不自由を感じなくても、立ち上がるときに誰かに手伝ってほしい、歩くのに付き添いがあったほうが安心だ、といったような状態は、要支援状態と判定されることが多いです。要支援サービスには、介護が必要な状態になることを予防する意味合いがあります。状態が軽くても早いうちからサービスを受けることによって、介護を必要としない生活を長く送ることが期待できるのです。

要介護は、思ったように体を動かすことが困難になり、食事やトイレなどにも介助が必要で、また認知症などにより思考力の低下や問題行動などを伴うような状態で判定されます。実は一次判定において要介護１と要支援２の状態を比較したとき、介護に必要な時間数は同じなのですが、身体が不安定状態にある、あるいは認知症の症状が日常生活に支障をきたす恐れがあると認められれば、要介護１状態とするルールになっています。

介護保険認定審査会の目的は、申請者の介護に関する状態像を適切に判断することですが、口でいうほどやさしいことではありません。審査会で扱う情報は、調査員の調査結果をもとにアルゴリズムに沿って作成された状態像と予測介護時間であって、実際の本人の状態像を見ることができません。つまりデータをもとに、本人により近い要介護区分に振り分ける作業をしているだけなのです。だからこそ実際に患者と接して状態像を知っている主治医の意見書は非常に重要です。この主治医からの意見を取り入れた状態像と予測介護時間をもとに、介護保険認定審査会の最終的な判断が下されるからです。

実際に重度認知症であっても期待された要介護度が得られず、支援に苦慮する場合もあります。86歳で一人暮らしをしていた女性Cさんは、糖尿病の急性増悪（血糖値＞５００mg／dl）で緊急入院となってしまいました。入院時の身長は１５０cm、体重は22・４kgでした。１年前の同時期の体重が35・２kgでしたので、だいぶ痩せてしまっていましたが、重度の認知症がありかたくなに入院を拒否していた人でした。

別世帯の息子さんが説得してようやく入院となりましたが、重度の短期記憶低下のため、なぜ入院したかもすぐに忘れてしまいます。食事教育もできず、インスリンを毎日３回打つのも大変で、病棟生活では日々看護師が付きっきりでケアに当たらなければなりませんでした。糖尿病の担当医もお手上げとなってしまい、Cさんには内服や注射の自己管理が難しいので、インスリン注射も週1回の用法用量の薬品を選択して、最低限高血糖による脱水症状や合併症が予防できれば在宅療養に移行しようと息子さんに提案しました。

Cさんは一人暮らしに固執していたため、介護保険を利用して訪問診療・看護・介護を組み合わせて一人暮らしを継続するための在宅支援と週1回のインスリン注射を想定して介護保険の申請を行いました。自己管理ができない認知症患者の医学的管理と日頃の安否、栄養状態の確認が必要という状況からして、私は当然「要介護1」以上の判定は下りるだろうと考えていましたが、結果は「要支援2」でした。理由は、入院中の状況から身の回り動作（食事、更衣、排泄動作は自立で独歩も可能）は自立している、というもので、認知症に関する諸問題は評価されていませんでした。一次判定で要支援であっても介護認定審査会では二次判定の段階で主治医意見書などの内容から判断して「要介護1」に変更することは可能なのですが、二次判定でも「要支援2」だったということです。

これではCさんの一人暮らしを支えるサービスは提供されません。不服申立てをしても、結果が下りるまでさらに1カ月を要しました。訪問診療・看護が使えないとなれば、週1回の外来診療に息子さんが同行することが必要となってきます。そのたびに息子さんは仕事の勤務状況を調整しなければなりません。また、日常の生活状態を観察する人もいません。そこで地域の包括支援センター職員を交えて、①息子さんは週1回、インスリン注射のため早朝出勤前にCさんを受診させる、②介護サービスが受けられないため、市の総合事業を週2回利用する、③地域包括支援センター職員が定期的に安否確認に行く、といった方針を決定しました。また、継続困難な場合は再度入院して、介護保険の区分変更申請を行うことにしました。

要介護・要支援状態の8つの区分と認定の基準

要介護・要支援状態は、いずれも支援を必要としない「自立」を含め、要支援1、2、要介護1~5の8つに区分されています。要介護認定では8つの区分に加え、その介護に必要な手間にかかる時間が加味されてどの基準にあてはまるのかで要介護度・要支援度が決められます。

自立している人とは、食事やトイレも介助の必要がないのはもちろん、何不自由なく元気に日常生活を送っている人です。洗濯や掃除などの家事もこなし、人とコミュニケーションをとることができ、金銭管理などもできると自立と判定されます。

介護保険サービスを受けることができる要介護、要支援に認定されても、要支援度、要介護度によって受けられるサービス内容が変わります。「要介護度・要支援度」の判定には、介護の分類と要介護認定の基準となる時間分類が使われます。介護の分類は次の５つになります。

・「直接生活介助」日常生活の基本といえる入浴やトイレ、食事など基本的な動作に必要
・「間接生活介助」少し高度な掃除、洗濯など家事に必要
・「問題行動関連行為」徘徊した人を捜すことや不潔行為の後始末など
・「機能訓練関連行為」歩行や日常生活などの訓練
・「医療関連行為」輸液の管理や褥瘡《じょくそう》の処置など診療補助

「要支援」は一人で生活はできますが、立ち上がったり歩いたりするときなどに介助が必要で、日常生活能力がやや落ちている状態です。要支援のうち、５分類されたいずれかの介助にかかる時間が１日25分以上32分未満で要支援１、32分以上50分未満であれば、要支

図2　要介護認定基準時間

区分	要介護認定等基準時間
非該当	25分未満
要支援1	25分以上32分未満
要支援2・要介護1	32分以上50分未満
要介護2	50分以上70分未満
要介護3	70分以上90分未満
要介護4	90分以上110分未満
要介護5	110分以上

厚生労働省 老人保健課「要介護認定の仕組みと手順」より作成

援2と判定されます。つまり、25分未満は「自立」とみなされることになっています。「要介護」は32分以上50分未満の「要介護1」から、110分以上かかる「要介護5」まで時間に応じて要介護度が判定されていく仕組みになっています。

ここで分かるように、要介護度は本人の実際の状態像によって決まるのではなく、コンピューターが予測した介護の手間にかかる時間の長さによって介護度が決められていく仕組みになっています。そして、その介護にかかる手間の時間は、訪問調査員の調査結果をもとに時間数が加算されていきます。このため、訪問調査員の力量にも大きく左右されることになります。

訪問調査員の資格は、自治体の職員であるか介護支援専門員の資格を有するものということになっています。しかし、介護保険申請者数の増加だけでなく、利用者の状況も複雑化してきており、最近では役所内の人員不足も相まって、民間事業者への委託が増えているようです。

相談窓口にもなってくれる地域包括支援センター

高齢の親が一人暮らしで、あるいは高齢夫婦二人だけで住んでいて、そろそろ介護が不安になってきた。親の物忘れやおかしな言動が目立ってきた。そういうときの最初の相談窓口となるのが、親の住んでいる地域の「地域包括支援センター」です。

地域包括支援センターとは、高齢者をはじめとする地域住民が介護を必要とするようになっても、住み慣れた地域で尊厳をもって暮らし続けていけるように介護や医療、日常生活について相談・支援を行うところです。地域によっては住民にとって親しみやすいように「高齢者総合相談センター」「高齢者あんしんセンター」「高齢者サポートセンター」といった名称が使われていることもあります。各センターには主任ケアマネジャー（主任介護支援専門員）、社会福祉士、保健師の専門職が1人以上配置されており、中心となって地域の健康サポートにあたっています。

地域包括支援センターは、2006年の介護保険法改正に基づいて、高齢者に対する総合支援のワンストップ窓口として、高齢者人口2～3万人ごとに1カ所の目安で全国の市町村に設置されました。2023年4月末時点で、その数は全国で5431カ所（ブランチ、サブセンターなどを合わせて7397カ所）に上ります。

ちなみに私たちがいる福岡県久留米市では、久留米中央地域包括支援センターをはじめ、市内各地域に11カ所の地域包括支援センターがあります。

久留米市の地域包括支援センターの総合相談で最も多いのは「介護保険の申請方法を知りたい」などといった介護保険の要介護認定の申請にまつわる相談です。実際に2022年度では申請についての相談が全体の6割を占めていました。高齢者本人が相談に来るケースもありますが、家族からの問い合わせが全体の4割と最多になっています。その場合は、申請方法をまとめた資料を渡すこともありますし、本人や家族で手続きをするのが難しいときは、センター職員が申請代行をします。

介護にかかりっきりで、申請書の入手や申請に行くのが難しいなど、認定に向けた手続きを進めるのさえ難しい家庭もあると思います。そのような場合は、遠慮なく地域包括支援センターに連絡をとって、申請代行の依頼をされるといいと思います。親の介護が忙しいがために、介護保険の申請が遅れるようなことがあっては本末転倒だからです。

地域包括ケアシステムとは

少し難しい話になりますが、地域包括支援センターを理解するうえで知っておいてほしいのが「地域包括ケアシステム」です。

昨今、国は深刻な少子高齢化や社会保障費の増大に備えるために、病院の数や機能を整理して病床数の適正配置を目指しています。このため今では高齢者が骨折や肺炎などで急性期医療を目的とした医療機関に入院していられるのは原則2週間から1カ月程度となっています。その後は、亜急性期、回復期専門の施設に移るか、自宅に戻って療養・リハビリを続ける仕組みになっています。そのためには病院を退院したあとの高齢者を地域で支えるためのシステムが必要です。そこで国は各地域の実態に合わせて、都道府県や市町村でこのシステムを構築するように促してきました。そして、この地域包括ケアシステムの中核的機関として位置づけられているのが地域包括支援センターです。

地域包括支援センターの運営主体は市町村です。ただ本来は自治体が直営で行うべき業務ですが、直営が難しい場合は民間法人などに委託できるようになっています。自治体による直営施設は全国で約20％、残る約80％（４２５４カ所）は民間の法人などによる委託型です（２０２２年4月時点、厚生労働省資料）。私の印象では自治体の規模により、小規模の自治体では直営が、中・大都市圏では社会福祉法人や医療法人などへの委託率が高くなる傾向にあります。

また各地の地域包括支援センターにも基幹型、機能強化型、サブセンター、ブランチなどのいくつかの種類があります。

・基幹型センター

「地域包括支援センターの効果的な運営に関する調査研究事業報告書（令和2年度）」によれば、基幹型を設置している市町村は全体の24％でした。事業内容は「（複数の）センター間の総合調整のほか在宅医療・介護の連携強化、認知症施策の推進、複合課題や困難な相談への対応、介護予防に係るケアマネジメント、地域ケア会議等の後方支援を行うなどセンターにおける基幹的な役割をもつ」とされています。基幹型をもつ自治体は地域内の複数のセンターを統括するために市町村の役所・支所などに基幹型を設置し、全体を統括する役割をもたせているところが多いようです。

・機能強化型センター

権利擁護や認知症支援など一部の分野でほかのセンターの後方支援を行う役割がありま す。設置市町村は全体の6・9％で、地域の事情に合わせて設置されているようです。

・サブセンター・ブランチ

サブセンターは本センターの出先的な役割で、ブランチは窓口業務的な役割を担ってい ます。久留米市においても、設置当初は十分な専門職の人員確保が困難であったため、5 カ所のセンターで業務をスタートし、サブセンターやブランチの設置を行いながら最終的 に11センターの設置に至ったという経緯があります。

このように一口に地域包括支援センターといっても自治体の規模や直営か委託か、基幹型の有無、委託法人の特性などによってそれぞれ違いがみられます。

ただし市町村や各センターで違いはあるものの、地域包括支援センターが高齢者・地域住民に対して担う役割や、基本的な利用の仕方は決まっています。原則として高齢者（利用者）の住所によって管轄のセンターが定められています。高齢の親と離れて住んでいる場合、家族の居住地ではなく、親の住む市町村で担当となる地域包括支援センターを確認することが最初の一歩になります。

・担当の地域包括支援センターの探し方

市町村内の地域包括支援センターと担当の区域は、市町村のホームページや広報誌などに掲載されています。また市町村役場、公民館、コミュニティーセンターなどでも情報を提供しています。センターの設置場所は役場内やコミュニティーセンター内のこともあれば、病院や介護施設に併設されていることもあります。担当のセンターが分かったら、実家に帰省したときにでも一度訪問して確認しておきます。

・利用できる人は65歳以上の人と、その家族など

地域包括支援センターを利用できるのは、そのセンターが対象とする地域に住んでいる65歳以上の人と、その家族や介護・生活の支援を行っている人です。つまりその地域に住む親が65歳以上であれば、別の地域に住んでいる家族・親族が相談をすることも可能です。必ずしも親族や血縁者に限らず、地域住民として「近所に認知症のような症状の高齢者がいて心配だ」といった相談をすることもできます。

・相談は無料。電話やメール、対面でもOK

地域包括支援センターに相談をするのは無料です。相談の結果、介護保険や介護予防のサービスを利用するときは、所定の利用料がかかります。相談は対面でもいいですし、遠方に住む人や訪問が難しい人では電話での相談もできます。ホームページからメールで問い合わせを受け付けているケースもあるので確認してみてください。例えば、高齢者の足が悪く外出ができないという場合は、センター職員が高齢者宅を訪問して本人にお話をうかがうこともできます。まずは高齢者や介護について気がかりなこと、困っていることがあれば、気軽に連絡をしてほしいと思います。

3種の専門職と、基本的な4つの役割

各地域包括支援センターには、高齢者の健康や介護、地域での生活を包括的に支援するため、次の3つの専門職が各1人以上配置されています（人口規模に応じて配置数が少ない場合や、これらに準ずる専門職が対応している場合もあります）。

【地域包括支援センターの3種の専門職】

・主任ケアマネジャー（主任介護支援専門員）

主任ケアマネジャーは、ケアマネジャーの上位資格です。高齢者の心身の状態に合わせて必要な介護予防や日常生活支援などの全体的な支援計画（ケアプラン）を作ります。ケアプランに沿ったケアを提供できるよう市町村や介護サービス事業者との連絡調整も担います。そのほかに地域のケアマネジャーたちの後方支援も行います。

・社会福祉士

社会福祉に関する国家資格の専門職です。高齢者や障害などによって日常生活に困難がある人の相談・助言・援助を中心に活動します。例えば高齢者の虐待や認知症の人の消費者被害などの相談に対応し、医療・介護・福祉の支援へとつなぐこともあります。社会福祉士が配置できない場合、高齢者の保健福祉に関する業務経験のある人が配置されているセンターもあります。

・保健師

地域住民の保健指導や健康管理を担います。高齢者の自宅を訪問し、心身の健康を脅かす要因がないかどうか聞き取りをしたり、バランスのいい食生活や運動習慣を指導したりするなど、健康維持のために役立つ保健指導を行います。地域によっては保健師に代わり、地域保健について経験のある看護師が活動していることもあります。

これら３つの専門職を中心として市町村、地域の医療機関（医師会）、警察・消防、社会福祉協議会、弁護士、消費生活センター、民生委員、地域ボランティアなどでネットワークを築き、高齢者と介護をする家族を総合的・包括的に支援していきます。その拠点としての機能を果たすのが地域包括支援センターの役割です。

地域包括支援センターの担う事業は非常に幅広いものがありますが、基本的な事業は次の４つが挙げられます。

①総合相談支援……高齢者や介護にまつわるさまざまな相談ごとを受け付ける最初の窓口
②介護予防ケアマネジメント……高齢者が要介護になるのを予防するための支援や活動
③権利擁護……高齢者の虐待の早期発見や予防、成年後見制度の活用促進など
④包括的・継続的ケアマネジメント支援……地域ケア会議などでのケアマネジャーの支援・指導、支援困難事例への指導・助言など

このうち④の「包括的・継続的ケアマネジメント支援」は、地域のケアマネジャーに対する支援業務といえますので、一般の住民に対する支援は①総合相談支援、②介護予防ケアマネジメント、③権利擁護の３つです。

図3　地域包括支援センターについて

地域包括支援センターは、市町村が設置主体となり、保健師・社会福祉士・主任介護支援専門員等を配置して、住民の健康の保持及び生活の安定のために必要な援助を行うことにより、地域の住民を包括的に支援することを目的とする施設。（介護保険法第115条の46第1項）

総合相談支援業務	住民の各種相談を幅広く受け付けて、制度横断的な支援を実施
権利擁護業務	・成年後見制度の活用促進、高齢者虐待への対応など
包括的・継続的ケアマネジメント支援業務	・「地域ケア会議」等を通じた自立支援型ケアマネジメントの支援 ・ケアマネジャーへの日常的個別指導・相談 ・支援困難事例等への指導・助言
介護予防ケアマネジメント（第一号介護予防支援事業）	要支援・要介護状態になる可能性のある方に対する介護予防ケアプランの作成など
多面的（制度横断的）支援の展開	行政機関、保健所、医療機関、児童相談所など必要なサービスにつなぐ 介護サービス ボランティア ヘルスサービス 成年後見制度 地域権利擁護 民生委員 医療サービス 虐待防止 介護相談員 障害サービス相談 生活困窮者自立支援相談 介護離職防止相談
チームアプローチ	社会福祉士等 主任ケアマネジャー等 保健師等

全国で5,404カ所（ブランチ等を含め7,409か所）
※令和4年4月末現在 厚生労働省老健局認知症施策・地域介護推進課調べ。

厚生労働省ホームページより作成

地域包括支援センターの活用①
高齢者のことで気になることがあれば、「総合相談支援」へ

地域包括支援センターには総合相談支援の窓口があり、高齢者や介護に関わるあらゆる相談ごとを聞いてくれます。高齢者の健康や暮らしに関して不安なこと、誰に相談していいか分からないことがあれば地域包括支援センターの総合相談支援を訪ねることで相談に乗ってもらえます。電話相談でもいいですが、時間や事情が許すならセンターを訪問して、じっくりと話を聞いてもらうといいと思います。

高齢の親が心配になってきたという家族も、まずは総合相談で話をしてみることが大切です。家族による介護が不安だからといきなり高齢者施設や介護サービス事業者に相談に行ってしまうと、入居者を求める施設や介護事業者に取り込まれてしまい、親が本当は行きたくもない高齢者施設へ送り込まれてしまうような例が多々あるからです。地域包括支援センター側から、どこか良い施設を推薦してほしいという要望に応えることはできませんが、地域にある適切な施設の紹介を行うことは可能です。そのほか、地域包括支援セン

ターでは親本人の思いや健康状態、家族の状況などを総合的に考慮して、在宅での生活継続も含めて、さまざまなアイデア、選択肢を示してくれると思います。

また、総合相談での相談内容は高齢者本人のことだけでなくてもかまいません。離れて住んでいる息子や娘が遠距離で介護をするにはどうすればいいか、といった介護をする家族に関する相談も受けていています。とにかく介護について迷うこと、困ることがあればなんでも相談していい場所こそが地域包括支援センターなのです。

介護保険の申請から、認知症の不安までなんでも相談可能

地域包括支援センターでは相談を受けたら、その内容や緊急度などに合わせて必要な情報提供を行ったり、適切な機関や制度、サービスへとつないでいったりします。そのため必要な情報を提供して1回で終わる相談もありますし、内容によっては継続的なフォローをしながら、相談者（高齢者）の生活が安定するまで関係機関と連携して年単位で支援や見守りを続けることもあります。

また、総合相談の内容で介護保険の申請に次いで多いのが、高齢者のお金・財産の管理、虐待の疑いなどで全体の2割ほどです。高齢者が悪質な訪問販売の被害に遭って不要なものが家にあふれている、住宅リフォームをしようとして不当に高額な契約をさせられたなどの相談を受けたときは、警察や消費生活センターなどにつなぎ、併せて被害の拡大防止や今後の財産を安全に管理するために、成年後見制度の活用などについても検討していきます。

総合相談で3番目に多いのが、認知症に関する相談です（全体の約8％）。家族や地域の人から、認知症が進んでいるようで健康や生活に不安があると相談を受けたときは、医療・介護の専門職からなる「認知症初期集中支援チーム」につないだり、必要な福祉サービスを紹介したりするなどして支援します。

認知症の人の支援では医療による「治療」と併せて、その人が地域で暮らしていくための日常生活の支援が重要になります。関係機関と連携して家事の支援サービスを行い、地域の民生委員・ボランティアによる見守りの目を増やすなどの対策をとることもあります。

久留米市の場合、一人で外出して帰れなくなるなど行方不明になる恐れのある高齢者は、行方不明時に身元確認がしやすくなる「高齢者あんしん登録制度」の利用や、位置情報検索サービスの利用料補助などの福祉サービスを利用できます。さらに家族が認知症の介護に不安を感じているときは、認知症について学べる講座や、悩みを匿名で相談できる電話相談窓口もあります。親に認知症の症状が出てくると、認知症でも入れる施設でみてもらうしかないと考えがちですが、認知症の人とその家族を地域で支える公的支援にはさまざまなものがあるのです。

地域包括支援センターの総合相談支援ではもっと身近な困りごと、例えば、電球が切れたので替えてほしいといった相談を受けることもあります。その際はセンター職員が訪問して対応をするか、地域のボランティアに対応を依頼することもあります。このようにさまざまな相談を受け付け、高齢者と介護をする家族が地域の適切な支援や制度、サービスにつながるように援助をしていくのが総合相談支援業務です。

地域包括支援センターの活用②
「要介護」以前の高齢者をサポートする「介護予防ケアマネジメント」

地域包括支援センターの事業の二つ目が「介護予防ケアマネジメント」です。これは要介護になる前の高齢者に対し、介護予防と日常生活支援を中心に地域で安定して生活をしていけるように支援をするものです。

これはイメージでいうと買い物で重い荷物を持つのがしんどい、足腰が弱り転倒などの不安がある、物忘れが出てきたなど、普段の生活はおおむね自立しているものの、加齢によって少し生活が心もとなくなってきた高齢者が対象です。介護保険制度でいえば「要支援1・2」に該当する人や、「基本チェックリスト」で介護予防・生活支援の事業対象者となるような高齢者が中心です。一般には高齢になっても要介護に認定されなければ公的支援を受けられないと思っている人は少なくないようですが、要介護になる前の高齢者でも、地域包括支援センターに登録をしておくと、その人の状況に応じた見守りや介護予防支援などを受けることができます。

介護予防支援事業には集団での健康体操や趣味のサークルのようなものから、買い物や通院付き添いなどの生活支援もありますし、デイサービスのような通所サービスもあります。通所サービスは、集団行動を好まない人は無理をしてまで参加する必要はありませんが、高齢期の体力や意欲が低下し孤立状態になると、フレイル（心身の虚弱）や認知症が一気に進んでしまうことがあります。その人に合った活動や興味のもてることで社会との交流・つながりを維持しておくことは大切です。地域包括支援センターの事業だけですべてが行き届くわけではありませんが、高齢者が自分らしく生活を続けるためには、要介護になる前の段階から地域包括支援センターを活用してほしいと思います。

高齢者の支援は、介護・支援の必要度によって4つに分類

要介護認定の申請の結果、健康状態や介護の必要度によって高齢者が受けられるサービスは66ページの図のように大きく4つに分けられます。

まず介護が必要という「要介護１～５」の判定が出た人は、担当ケアマネジャーを選定し、ケアプランに沿って介護保険サービスを利用することになります。一方、まだ本格的な介護は必要なく「非該当」や「要支援１・２」という判定になった人は地域包括支援センターの介護予防ケアマネジメントにより、一般介護予防事業、介護予防・生活支援サービス事業、介護予防サービスなどのサービスを受けられます。どれも似たような名前ですし、一般の住民にとっては複雑で分かりづらいと思いますが、それぞれ目的や事業内容、サービスを指定・監督するのが国なのか、市町村なのかといった違いがあります。

なお、これまでは、介護予防ケアプラン作成については地域包括支援センターの役割であり、一部のケアプラン事業所は地域包括支援センターの委託を受けてケアプランの作成を行っていましたが、２０２４年度の介護保険制度改正以降では、ケアプラン事業所が地域包括支援センターからの委託を介さず独自でも作成可能となっている可能性があります。

図4　介護に関するサービスの分類

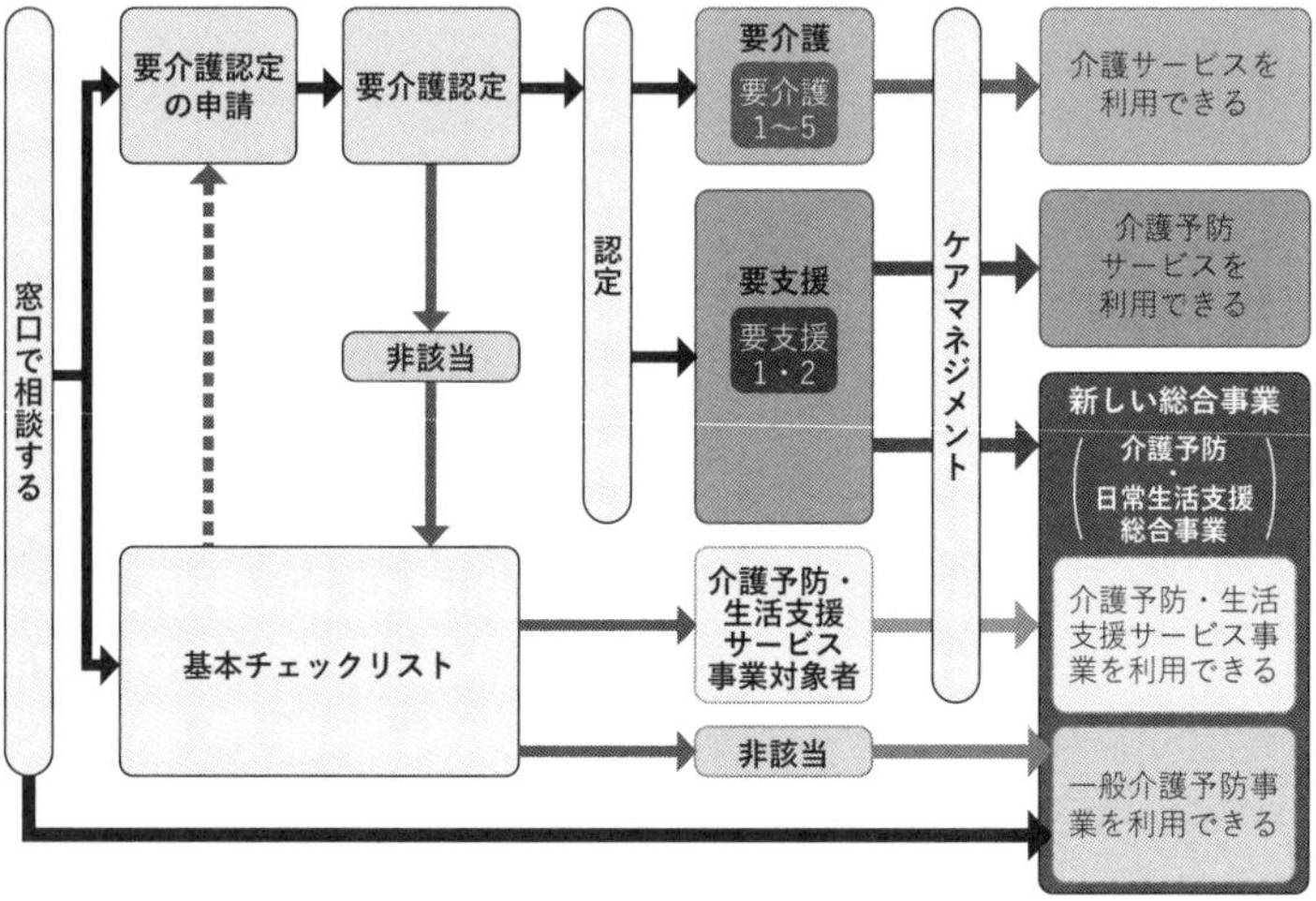

久留米市 高齢者支援パンフレット 令和5年度版より作成

要介護になるのを防ぐだけでなく、その人らしい生活を支援

　近年、高齢者の支援で重視されるようになっているのが「介護予防」の分野です。2000年に介護保険制度が導入されて以降、介護を必要とする人のなかでも軽度の人（要支援〜要介護1に相当）が急増し、すべての人に介護保険でサービス提供をするのが困難になってきました。そのため2015年の介護保険法改正で国の介護保険ではなく、市町村の事業として介護予

防・日常生活支援事業を行うことが定められました。現在では日本全国すべての市町村でこの介護予防事業が実施されています。

久留米市地域包括支援センターでは介護予防の基本を次の2点と考えています。

①高齢者が要介護状態になることをできるだけ防ぐ（発生を予防・早期発見）

②要支援・要介護状態になっても状態がそれ以上に悪化しないようにする（生活機能の改善・維持・悪化の遅延）

そしてこれらを実現するためには、医療機関で行われるような食事指導や運動指導を一方的に伝えるだけでは不十分です。なぜなら高齢期に要介護になっていく人の多くが、体を動かさないことによるフレイルが背景にあるからです。病気や障害の有無だけでなく高齢者の生活・人生を尊重し、できる限りその人らしく自立した生活を送れるように全体的・包括的な支援をしていくことが重要です。家庭や地域社会とのつながりをもちながら、その人らしく生き生きとした生活を送れるように高齢者を支えていくことが介護予防なのです。

そして地域包括支援センターでは、高齢者一人ひとりの状態に合わせて介護予防ケアマネジメントを実施します。介護予防ケアマネジメントでは高齢者の健康状態やどういう生活をしたいかといった本人の希望をふまえ、地域包括支援センターで支援計画（ケアプラン）を作成し、それに沿って必要な支援を行っていきます。介護予防ケアマネジメントによる支援・サービスの内容は、自立度の高い順から「一般介護予防事業」「介護予防・日常生活支援総合事業」（この二つは市町村の事業でまとめて「総合事業」とも呼ばれます）、そして介護保険の予防給付による「介護予防サービス」があります。

高齢者の健康教室などを紹介する「一般介護予防事業」

おおむね65歳以上であれば誰でも参加・利用できるのが「一般介護予防事業」です。ただし専門的な介護・支援が必要な人は除かれるので、主に自立した生活を送れる高齢者、要介護認定で「非該当」の人、「基本チェックリスト」で事業対象者ではないと判定された人が中心になります。

これは地域の高齢者が誰でも参加できる健康講座を開催したり、地域の老人クラブや趣味のサークル活動のために介護予防などに関する講師を派遣したりする支援です。久留米市では次のような事業を展開しています（2024年1月時点。久留米市「高齢者支援パンフレット令和5年度版」一部改変）。

【一般介護予防事業（久留米市の例）】

〈個人で参加できる介護予防事業〉

・にこにこステップ運動®&スロージョギング教室（ステップ台を使った昇降運動や歩くくらいのスピードで走るスロージョギング、フレイルに関する講話などを通し体力や筋力の向上を図り、運動習慣を身に付ける教室）
・認知症予防講座（自分自身の認知機能を知り、講話や運動などを通して日常生活の中で取り組める認知症予防のコツを学ぶ講座）
・口から始まる健康長寿講座（口のトラブルを予防・改善するために日常生活で行えるケアやかかりつけ歯科医をもつ大切さについて学ぶ講座）
・よかよか介護ボランティア事業（要支援・要介護の認定を受けていない人が社会参加や生きがいづくりなどのために市内の介護保険施設などでボランティア活動を行う）

〈地域団体を対象とした介護予防事業〉

・お口のための講師派遣（口全体の働きや誤嚥性肺炎のこと、その予防のための歯みがきのコツや運動など、歯科衛生士が出向いて指導する）

・にこにこステップ運動®講師派遣事業（ステップ台を使った昇降運動を継続的に行うために、団体の活動などに専門講師が出向いて正しく効果的な運動を指導する）

・おたっしゃ出張講座（運動、栄養、認知症予防などのテーマに沿って、専門の講師が出向いて講座を実施する）

この一般介護予防事業は、健康増進や介護予防についての知識を深めてもらうとともに、地域の社会的なつながり作りも目的としています。介護予防の講座に参加して一緒に運動・活動をする仲間ができれば、単調になりがちな高齢者の暮らしにもリズムができ、人との交流によって意欲や活力も生まれます。それぞれの市町村によって特徴のある取り組みをしていると思いますから、例えば親が「仕事を辞めてから、どうも自宅に閉じこもりがちになっているようだ」といった場合、家族が地域にどんな事業があるかを調べ、楽しめそうな講座や教室があれば参加を促してみるのもいいと思います。

健康や生活に不安がある人の「介護予防・生活支援サービス事業」

次に、おおむね自立して暮らしているが健康面や認知機能に不安が出てきて支援が必要になっている人や、要介護認定で「要支援１・２」と判定された人は「介護予防・生活支援サービス事業」を利用することができます。

支援が必要かどうかの判定には「基本チェックリスト」が用いられます。これは25の質問項目で日常生活関連動作、運動、栄養、口腔、外出、物忘れ、うつ傾向などについて調査をするものです。これによって支援が必要（事業対象者）と判断された人も介護予防・生活支援サービス事業を利用できます。

具体的な支援の内容は、保健師やホームヘルパーなどの保健・医療・介護の専門職が自宅を訪問して行う訪問型サービスと、医療・介護の施設に通って行う通所型サービスがあります。久留米市では次のような名称のサービスを用意しています。サービスは無料のものもありますが、利用者が費用の1～3割を負担するものがあります。

【介護予防・生活支援サービス事業（久留米市の例）】

〈訪問型サービス〉

・身体援助訪問サービス（身体ヘルプ）
・元気援助訪問サービス（元気ヘルプ）
・生活援助訪問サービス（生活ヘルプ）
・元気向上訪問相談サービス（短期集中型）
・生活機能訪問相談サービス（短期集中型）

〈通所型サービス〉

・介護予防通所サービス（予防デイ）
・元気向上通所サービス（元気デイ）
・短期集中通所サービス（集中デイ）

地域包括支援センターでは、基本チェックリストの結果や本人・家族との話し合いのな

図5 基本チェックリスト

基本チェックリストの質問項目

1～5までの質問項目は日常生活関連動作について尋ねています

1. バスや電車で1人で外出していますか
2. 日用品の買い物をしていますか
3. 預貯金の出し入れをしていますか
4. 友人の家を訪ねていますか
5. 家族や友人の相談にのっていますか

6～10までの質問項目は運動器の機能について尋ねています

6. 階段を手すりや壁をつたわらずに昇っていますか
7. 椅子に座った状態から何もつかまらず立ち上がっていますか
8. 15分位続けて歩いていますか
9. この1年間に転んだことがありますか
10. 転倒に対する不安は大きいですか

11～12までの質問項目は低栄養状態かどうかについて尋ねています

11. 6ヵ月で2～3kg以上の体重減少がありましたか
12. 身長、体重

13～15までの質問項目は口腔機能について尋ねています

13. 半年前に比べて固いものが食べにくくなりましたか
14. お茶や汁物等でむせることがありますか
15. 口の渇きが気になりますか

16～17までの質問項目は閉じこもりについて尋ねています

16. 週に1回以上は外出していますか
17. 昨年と比べて外出の回数が減っていますか

18～20までの質問項目は認知症について尋ねています

18. 周りの人から「いつも同じ事を聞く」 などの物忘れがあると言われますか
19. 自分で電話番号を調べて、 電話をかけることをしていますか
20. 今日が何月何日かわからない時がありますか

21～25までの質問項目はうつについて尋ねています

21. （ここ2週間） 毎日の生活に充実感がない
22. （ここ2週間） これまで楽しんでやれていたことが楽しめなくなった
23. （ここ2週間） 以前は楽にできていたことが今ではおっくうに感じられる
24. （ここ2週間） 自分が役に立つ人間だと思えない
25. （ここ2週間） わけもなく疲れたような感じがする

「地域支援事業実施要綱 平成２２年８月６日 厚生労働省老健局長通知」より抜粋

かでケアプランを作成し、必要なサービスへとつなげます（各サービスを提供するのは地域のサービス事業者です）。

また「要介護」向けの介護保険サービスにも訪問型や通所型のサービスがありますが、介護予防ではその支援の内容が異なっています。例えば同じ生活支援でも、介護保険サービスは利用者に代わって家事を行うのに対して、介護予防サービスでは〝利用者本人が家事をするのを支援するサービス〟ということになります。つまり、介護保険サービスでは利用者になり代わって家事を行いますが、介護予防サービスでは、高齢者が自分で家事を行えるように手伝いをするのが目的であり、支援者が主体となって家事をしてはいけないことになっています。

似たようなサービスに通院支援サービスもあります。これは介護保険の場合、一人で医療機関に行けない高齢者のために通院や受診の付き添いをしてくれるサービスです。しかし介護予防では、高齢者に代わって受け付けをしたり待合室で付き添ったりすることは禁止されているため、支援者は病院までの通院に付き添い、病院では玄関口で待機することになります。サービスを利用する住民目線でいえばここまで分ける必要があるのかとも思いますが、介護予防サービスでは「自立の支援」が目的であり、それに沿ったサービス内容が規定されています。

高齢者の支援というと、体力・気力の落ちてきた高齢者に代わって他者がやってあげることが支援と思われがちですが、家族や支援者が本人のできることまでやってしまう過剰介護は逆によくありません。私たち人間は使わない機能はどんどん衰えるようにできています。たとえ時間がかかっても、危なっかしく見えても高齢者ができることはできる限り本人にしてもらい、生活機能や認知機能を維持できるように支えていく必要があります。

ただし、あまり厳密に制度を運用してしまうことにも問題があります。時に90歳を超えても、一人暮らしをしながら、とりあえずは身の回り動作は自立という判定になっても、心臓病や呼吸器疾患を抱えてぎりぎりの生活をしている超高齢者がいます。入院中は要支援状態レベルであっても、自宅に帰れば明らかに要介護レベルであろうと思われる事例でも、認定調査にあたっては、基礎疾患の状態、年齢や家族・同居者の有無、住環境の状況などを要介護度の判定に加味してはいけないというルールがあるため、実態は要介護状態であっても、審査会の結果は要支援と判定されるといったことが実際に起こります。このような場合は、介護認定審査会において、状態不安定として一次判定結果を覆し要介護状態と判定することも可能ですが、意見が分かれるところです。

介護予防・生活支援サービス事業のケアプランは、高齢者本人の希望やしたいことを反映して作成します。例えば「旅行に行きたい」という希望があれば、電車やバスに安全に乗れるようにサポートしたり、段差でつまずかないように運動リハビリのプログラムを組んだりします。

ケアプランは半年から最長1年間という単位で作成します。そして月1回、センター職員によりサービスが適正に行われているか確認をし、3カ月に1回は高齢者の自宅を訪問して健康状態や生活状況を見せてもらい、ケアプランの見直しや更新が必要かどうかを判断します。

介護予防に取り組む高齢者も年とともに少しずつ弱っていきますから、要介護度が高くなってきていると判断したときは、要介護認定の申請など、そのときに必要な支援を提案していきます。

「要支援１・２」の人は「介護予防サービス」の利用が可能

要介護・要支援認定で「要支援１・２」という判定が出た人は事業対象者と同じように市町村の「介護予防・生活支援サービス事業」を利用できます。

また要支援１・２の人は介護保険の予防給付による「介護予防サービス」も利用できます。２０１５年に市町村で介護予防事業を担う制度が施行されたとき、要支援１・２の人は介護保険によるサービスを原則、利用できなくなりました。しかし、それまで要支援で介護保険の通所サービスなどを利用していた人がいきなり放り出されるのを避けるため、一定期間は介護保険で通所リハビリなどを受けられるように配慮されたのだと思います。その代わり、高齢者の状態が安定して介護保険サービスから市町村の介護予防事業に移行（卒業）させた場合、介護サービス事業者が加算を受けられるようになっています。

リハビリテーション科専門医である私から見ても、この制度は脳卒中や骨折などで入院し回復期リハビリテーションを終えて自宅退院となった患者にはとても有用だと思います。

つまり入院環境では要支援レベルになったとしても、自宅の生活では安定性に欠けるような人がいるため、退院後も介護保険の通所サービスで充実したリハビリを継続できるのはたいへん利用価値があります。

介護保険の介護予防サービスには通所型サービスのほか、訪問型サービス、短期入所（ショートステイ）、福祉用具の貸与、在宅介護のための住宅改修費補助などのさまざまなものがあります。介護予防サービスの利用者負担は所得により費用の1～3割です。

また要介護・要支援認定で「要介護1～5」という判定が出た人は、介護給付による介護保険サービスを利用することになります。地域包括支援センターでは主に要介護以前の高齢者支援を担っているため、要介護1以上になると地域包括支援センターの手を離れ、高齢者本人や家族で選任した担当ケアマネジャーがケアプランを作成し、それに沿って介護や生活支援を行っていくことになります。

ただし、すでに介護保険サービスを利用している人でも現在の介護保険サービスに不満や不安がある、ケアマネジャーを別の人に変更したい、高齢者の虐待や財産管理などで相談をしたいといったときは、地域包括支援センターにもう一度、相談しても良いと思います。

地域包括支援センターの活用③
高齢者の人権や財産を守る支援が「権利擁護」業務

地域包括支援センターの事業の三つ目が、権利擁護業務です。これは高齢者の基本的な人権や財産権などを守り、たとえ心身が衰えても地域で尊厳のある生活を維持していけるように支援をするものです。医療や介護保険サービスではカバーできない社会福祉に関する支援が中心になります。

具体的な業務内容は、高齢者の虐待に関するものと、お金の管理や悪質商法の被害の予防など、財産の保持に関するものに大別できます。

まず高齢者の虐待には、身体的虐待（暴力的行為）、精神的虐待（暴言、無視、脅しなど）、経済的虐待（預貯金や年金を渡さない）、ネグレクト（介護放棄）などがあります。

介護現場における高齢者の虐待は、毎年一定の割合で発生しています。

２０２１年度「高齢者虐待の防止、高齢者の養護者に対する支援等に関する法律」に基づく対応状況等に関する調査結果（厚生労働省）によると、介護者（在宅）による虐待の相談・通報件数は増加傾向にありますが、虐待判断件数は横ばいか、むしろ減少傾向にあります。久留米市地域包括支援センターの実績を見ても、虐待対応件数は２０２２年度に１０１件（うち虐待認定有りは63件）で、わずかに減少傾向にあります。一方で、地域包括支援センターによる対応は１ケースあたり平均21回と以前よりも増加しています。これは身寄りのない認知症の高齢者や、高齢者だけでなくその家族への支援が必要なケースなど、複合的な要因をもつ事例が増えていることが一因と考えられます。

また財産の保持については、認知機能の低下した高齢者を対象とした悪質商法や消費者被害なども増えています。「令和４年版消費者白書」でも次のように指摘されています。「認知症等の高齢者は、本人が十分に判断できない状態にあるため、『訪問販売』や『電話勧誘販売』による被害に遭いやすく、事業者に勧められるままに契約したり、買い物を重ねたりする場合があります。特に、『訪問販売』は３割を超えており、具体的な相談事例としては、『高齢独居で認知症気味の母が、訪問販売で屋根工事を勧誘され、断ったにもかかわらず契約をさせられた上に、留守中に工事をされた』といったケースがみられます。認知症等の高齢者本人はトラブルに遭っているという認識が低いため、問題が顕在化しにくい傾向があり、特に周囲の見守りが必要です」

高齢者を消費者被害などから守り、その財産を安全に管理していくためには、そのための社会福祉制度や支援を上手に利用していく必要があります。

高齢者の虐待では、介護者の支援も重要

高齢者を在宅介護している場合、介護者の多くは息子や娘、配偶者などの家族です。そのため高齢者虐待の加害者も配偶者や子どもである場合が多くなります。介護保険サービスなどの公的支援があるとはいえ、介護の現場はやはり大変です。毎日のことですから、介護者も介護疲れのイライラ感から強く当たってしまい、結果的に虐待行為につながることがあります。虐待をした、されたと気づいたときは家族内で抱え込まず、地域包括支援センターに相談することが大切です。

さらに家族内では虐待をしている側もされている側も、双方に虐待の自覚がないことも少なくありません。介護をする側は「きつく当たってしまう自分が嫌になる」、そして介護を受ける側も「家族に面倒をかけてしまった自分が悪い」と悩みを抱えていることが少

なくありません。こうした場合は、第三者に指摘されて初めてその行為が虐待であると気づくケースもあるようです。ですから虐待通報の半分ほどは本人や家族でなく、ケアマネジャーや民生委員、通所サービスの職員などになっています。虐待の早期発見や予防には、地域の人との関わりも大切だといえます。

また地域の人から見て虐待が疑われるが、確信がもてないという場合も多々あると思います。このような場合こそ、躊躇せずに地域包括支援センターに連絡することが必要です。調査の結果、思い違いであれば幸いということです。なお在宅の人以外に、最近では介護保険施設や高齢者住宅での虐待も増えているので注意が必要です。ただ介護施設内での虐待事例は地域包括支援センターでは対応することができませんので、自治体の担当窓口に相談してください。

通報を受けた地域包括支援センターの職員は、虐待の事実関係の調査のため家庭訪問を行います。もちろん面と向かって「虐待の通報がありました」などと伝えるわけではありません。また通報者のことを本人たちに伝えることもありません。通常の高齢者支援の一環として訪問を行い、通報内容の事実関係を調査します。一回の訪問では実態が確認できない場合は、複数回訪問を行います。調査の結果、虐待までには至っていなかったケースもありますし、地域包括支援センターの職員の訪問がきっかけで虐待を未然に防げた事例もあります。

そして虐待が確認された場合は、職員が支援に入ります。命に関わるような緊急性が高いケースでは高齢者に一時的に施設へ避難をしてもらう例もあります。そうでない場合は家族で在宅介護を続けながら、虐待をしてしまう要因や背景を探り、改善に取り組んでいきます。介護者が慣れない介護で負担感が大きいときは、訪問介護・訪問看護などのサービスを見直すこともありますし、介護者が休養をとる方法についてアドバイスをする例もあります。またお金や生活に対する不安、介護者の精神疾患などが背景にあるときには、それぞれに対する支援策を検討していきます。

消費者被害の防止や、成年後見制度についても知ろう

認知症や障害によって判断力が低下した人の財産を守ることについては、主に次のような支援があります。

・消費者被害の防止は、家族や地域が見守りを

昨今では、高齢者をターゲットにした悪質商法が数多くあります。自宅を訪問して商品やサービスを販売する「家庭訪問販売」や電話をかけて強く勧誘・購入させる「電話勧誘販売」のほかにも、布団を購入したらアフターフォローが必要などとしてさらに汗取りパッドなどの関連商品を購入させる「次々販売」、セミナーなどの名目で人を集め、集団心理を利用して最終的に高額商品を購入させる「催眠商法」、点検が必要と言って家屋に入り、事実と違うことを伝えて不要な工事などをさせる「点検商法」など、非常に多様化・巧妙化しています。

こうした悪質商法から高齢者を守るには、家族や地域の民生委員、通所や訪問サービスの職員など、周りの人が正しい知識をもち、高齢者にも日頃から注意喚起をしていくことが大切です。同時に家族や地域の人の目から見ておかしいと気づくことがあれば、地域包括支援センターに連絡すると相談に乗ってもらうことができます。

地域包括支援センターで消費者被害の事例を把握したときは、市町村や消費生活センターへ通報をします。必要に応じて警察・消防、弁護士や司法書士などとも連携しながら被害救済のための支援を行っていきます。さらに、被害に遭った高齢者に社会的な孤立や

認知機能の低下といった背景があるときは、その人が地域で今後も安心して暮らしていくために必要な対策についても検討します。

・お金の管理をサポートする福祉サービス

認知症により判断力が低下し、お金をどんどん使ってしまい管理ができない、財布や通帳をしまった場所が分からなくなる、銀行から預金の引き出しができない。そのような場合は、高齢者福祉サービスの一つである「日常生活自立支援事業」を利用することができます。この支援事業の内容は、①福祉サービス利用援助、②日常金銭管理、③通帳・印鑑などの書類預かりサービスの3つからなります。対象となるのは、この事業の契約を結ぶことができるくらいの判断能力がある高齢者です。

日常生活自立支援事業の契約をすると、担当の生活支援員が週1回、年金の振り込まれる口座から1週間分の生活費を引き出して持参したり、必要な介護サービスへの支払いを代行したりします。生活支援員は次に説明する成年後見人のような代理人ではないため、本人に代わって契約などを結ぶことはできませんが、判断力の低下した高齢者の金銭管理をサポートし、生活の安定のために手を貸してくれます。

・本人に代わり財産の管理をする「成年後見制度」

成年後見制度とは、認知症や障害などにより判断能力が不十分になった人に代わり、代理人（後見人）が契約などの法律行為を代行したり、金銭管理を支援したりすることで、本人の財産や生活の質を守るものです。

成年後見制度には、「任意後見制度」と「法定後見制度」の2種類があります。任意後見制度は高齢者があらかじめ家族などの代理人（任意後見人）を選んでおき、その人が財産管理をする契約を結んでおくものです。

一方の法定後見制度は、家庭裁判所が成年後見人（代理人）を選ぶものです。代理人には本人の判断力の程度により補助人、保佐人、後見人の3つの種類があります。親族のほかに弁護士や司法書士、社会福祉士などの専門家、一般の第三者（市民後見人）が代理人に選ばれることもあります。

地域包括支援センターでは成年後見制度の活用にあたり、さまざまな相談を受け付けています。成年後見制度についての情報提供、成年後見制度の必要性についての判断や助言、成年後見制度の申立て手続きの支援などを行います。また高齢者の判断力が低下し、虐待その他で成年後見制度の申立てをする親族もいないような場合、本人や親族に代わって市町村長申立てにつなげ、権利擁護を図るケースもあります。

介護をする人の「介護と仕事の両立」も支援する

地域包括支援センターでは高齢者本人だけでなく、介護をする家族の支援も行っています。特に仕事をもつ現役世代の介護者に対しては、介護と仕事を両立するための制度の情報提供や、手続きの支援なども行っています。現在「育児・介護休業法」に基づく介護と仕事の両立のための制度には次のようなものがあります。

・介護休業制度

介護が必要な家族1人につき3回、通算して93日まで（短時間勤務などを使った期間があれば、それと合わせて93日）休業できる制度です。休業開始の2週間前までに労働者から勤務先に申し出ることで利用できます。また介護休業期間中は、要件を満たせば雇用保険から休業前の賃金の67％の介護休業給付金が支給されます。手続きや問い合わせはハローワークで受け付けています。

・**介護休暇制度**

介護が必要な家族1人につき、1年に5日まで、対象家族が2人の場合は1年に10日まで、介護休業や年次有給休暇とは別に1日または時間単位で休暇を取得できます。労働者から勤務先に申し出ることで利用できます。

・**介護のための短時間勤務などの制度**

事業主は以下のa～dのいずれかの制度をつくらなければならないことになっています。労働者は利用開始から連続して3年以上の間に2回以上利用できます。

a）短時間勤務の制度（日単位、週単位、月単位などで勤務時間や勤務日数を短縮）

b）フレックスタイム制度

c）時差出勤の制度（1日の労働時間を変えずに始業・終業時間を変更）

d）労働者が利用する介護サービスの費用の助成、その他これに準ずる制度

・**介護のための所定外労働の制限など**

介護のために残業や時間外労働、深夜勤務などを避けるための制度です。所定外労働の場合は1回につき1カ月以上1年以内の期間で、回数制限はありません。利用開始の1カ月前までに請求して利用することができます。

さらに職場によっては独自の介護支援制度をもっところもありますから、まずは遠慮せずに相談をしてみることです。働きながら介護をする人への支援とともに高齢者に対する介護保険サービス、地域の高齢者支援サービスを上手に活用していけば、今は仕事をしながら介護を続けることも十分可能になっています。

地域の高齢者福祉サービスも調べておくと安心

そのほか地域包括支援センターでは、必要な人に対して市町村や社会福祉協議会などが行う高齢者福祉サービスを紹介することもあります。

高齢者の一人暮らしや高齢夫婦二人だけの暮らしでは、毎日の食事づくりも大変になり、食生活に偏りが出て栄養不足になることがあります。また一人で具合が悪くなって倒れていないか、火の始末を忘れて火事が出ないかといった心配もあります。地域の高齢者福祉サービスのなかには、こうした高齢者の毎日の暮らしのちょっとした不安をカバーするものもあります。久留米市では次のような福祉サービスもあります（「高齢者支援パンフレット令和5年度版」一部改変）。

・**高齢者配食事業**

要介護1以上の認定を受けた人で、食材を入手し調理するのが困難な高齢者のみの世帯に、1人につき1日2食（昼食と夕食）週6日以内で、安否の確認を行うとともに配食をします。

・**緊急通報システム**

おおむね65歳以上で心疾患などの慢性疾患がある人や75歳以上で常時注意を要する人、身体障害1・2級の人で緊急時に対応が困難な一人暮らしの人に対し、緊急通報機器および生活活動感知機の貸与を行うことで、生活の安全を確保するサービスです。

・**日常生活用具給付事業**

自宅で生活する非課税世帯の一人暮らしの高齢者や要援護高齢者が、心身機能の低下により防火の配慮などが必要になったときに用具（電磁調理器、自動消火器、火災警報器）を支給します。

こうして見てくると市町村や地域の専門職、地域住民による高齢者支援には、実にさまざまなものがあることが理解できると思います。何も医療や介護保険サービス、家族の頑張りだけで介護をしていかなければと気負う必要はないのです。高齢の親の健康や介護について気になることが出てきたときや、そろそろ先々に備えて情報収集をしておきたいと思ったときは、親の住まいの最寄りの地域包括支援センターを訪ね、気軽になんでも話をしてみると良いと思います。

第3章

賢く利用することが介護をラクにするコツ

知っておくべき介護保険制度の基礎知識と利用方法

介護保険制度は、国の制度による介護サービス

地域包括支援センターが関わる介護予防・高齢者支援にはさまざまな事業がありますが、それらは都道府県や市町村が主体となって行うもので、地域支援事業とも呼ばれます。また、サービス内容はそれぞれの市町村によって異なります。

一方、介護保険制度は国による介護サービスです。実際に介護保険制度を運営するのは市町村であり、サービスを提供するのは各地域の介護サービス事業者ですが、サービスの対象者やサービス内容、費用負担などの基本的な制度の仕組みは全国一律で決まっています。介護の必要性が高くなり、要介護認定で「要介護1～5」と判定された高齢者とその家族は、国の介護保険サービスを利用しながら介護をしていくことになります。

【介護保険制度の概要】

どんな人でも年をとれば体や頭が弱り、介護を必要とするときがきます。国民の誰もが避けて通れない介護の問題を社会全体で支えようという理念に基づき、２０００年に導入

されたのが介護保険制度です。介護保険の財源は40歳以上の国民から徴収した介護保険料が50％、残る50％は国や都道府県、市町村の公費でまかなわれています（公費の内訳は国の負担が25％、都道府県の負担が12・５％、市町村の負担が12・５％）。みんなから集めた保険料と公費で介護サービスを提供することで、実際の利用者は少ない負担額で介護サービスを受けることができるようになっています。介護保険サービスを利用できる人には、以下の２種類があります。

・65歳以上の人（第１号被保険者）
・40歳以上～65歳未満で特定疾病をもつ人（第２号被保険者）

第１号被保険者とは、65歳以上のすべての人です。第２号被保険者の特定疾病とは、次のような考え方により国が指定している疾患です。①65歳以上の高齢者に多く発生しているが、40歳以上65歳未満の年齢層においても発生が認められるなど、罹患率や有病率などについて加齢との関係が認められる疾病であって、その医学的概念を明確に定義できるもの。②３～６カ月以上継続して要介護状態または要支援状態となる割合が高いと考えられる疾病。具体的には次の16種類があります（※印は２００６年に追加・見直し）。

1 がん（医師が回復の見込みがない状態に至ったと判断したもの）※
2 関節リウマチ※
3 筋萎縮性側索硬化症
4 後縦靱帯骨化症
5 骨折を伴う骨粗鬆症
6 初老期における認知症
7 進行性核上性まひ、大脳皮質基底核変性症およびパーキンソン病 ※（パーキンソン病関連疾患）
8 脊髄小脳変性症
9 脊柱管狭窄症
10 早老症
11 多系統萎縮症※
12 糖尿病性神経障害、糖尿病性腎症および糖尿病性網膜症
13 脳血管疾患（脳出血、脳梗塞、くも膜下出血など）
14 閉塞性動脈硬化症

15　慢性閉塞性肺疾患
16　両側の膝関節または股関節に著しい変形を伴う変形性関節症

要介護度により、受けられるサービス枠や自己負担が異なる

要介護認定により、要介護度は要支援１・２と要介護１～５の７段階に分けられます（「非該当」を除く）。それぞれの状態像は次のようになっています（厚生労働省の資料をもとに一部改変、加筆）。

【要支援：介護予防サービス（予防給付）】

・要支援１・２

日常生活上の基本動作はほぼ自分で行うことができるが、要介護状態になるのを予防するためになんらかの支援を必要とする状態。そのままでは要介護になる可能性が高いものの、介護予防の取り組みによって自立した生活を続けることができると見込まれる状態で

す。

【要介護：介護サービス（介護給付）】

・要介護1

要支援状態より日常生活動作を行う能力がさらに低下し、部分的な介護を必要とする状態です。立ち上がりや歩行が不安定になっていたり、理解力や判断力が低下し、買い物や日常の意思決定に支援が必要なことが増えてきたりする段階です。

・要介護2

要介護1の状態に加え、入浴で体を洗うなどの日常生活動作についても部分的な介護が必要になる状態です。薬の内服や金銭の管理、掃除や洗濯、調理などの家事でも少しずつ支援が必要になってきます。

・要介護3

要介護2の状態と比較して、トイレや入浴、着替えなどの日常生活動作も、家事や買い物、服薬管理、金銭管理、電話対応といった生活面でも能力が著しく低下し、全面的な介護が必要な状態です。

図６　要介護状態区分別の状態像イメージ図

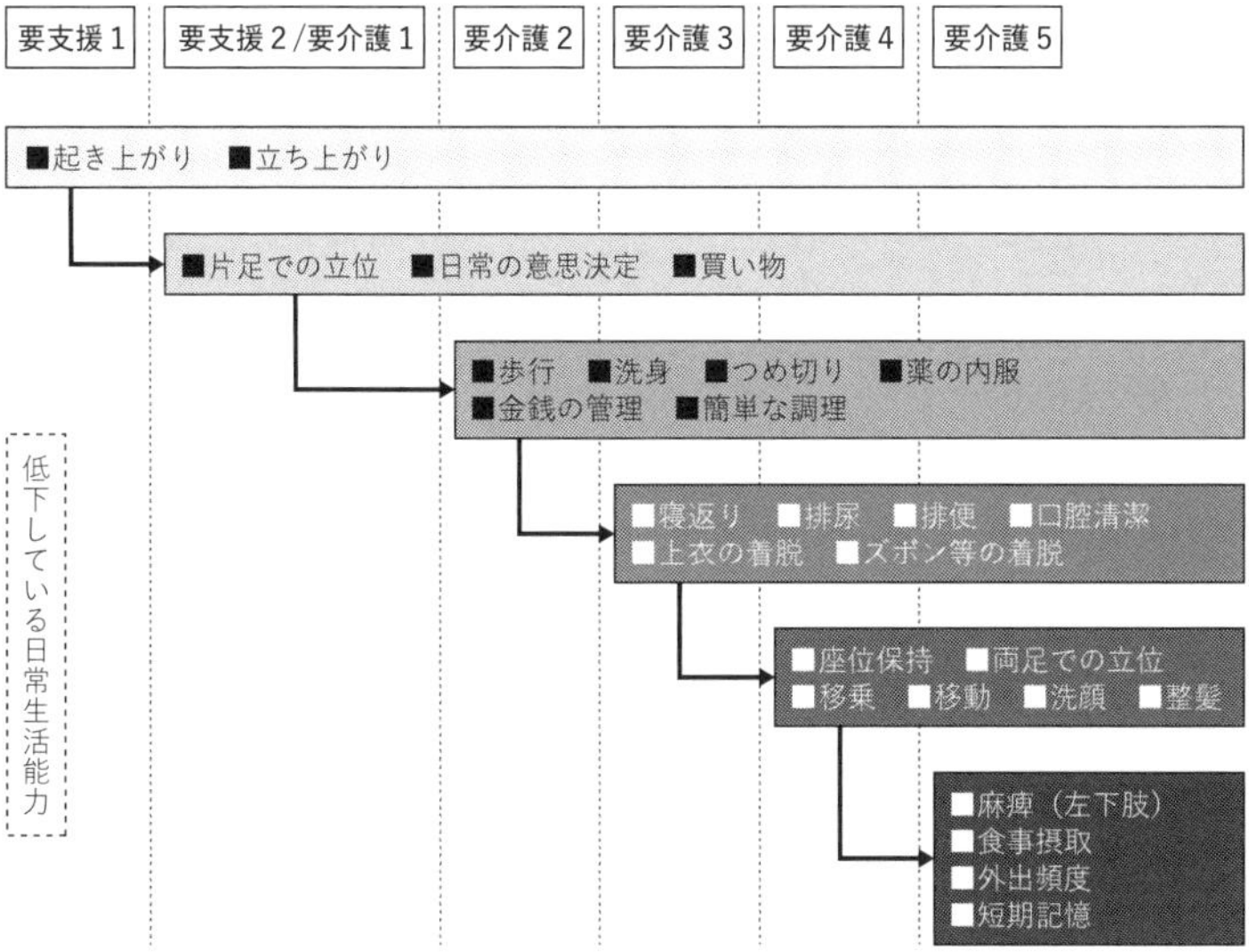

※80％以上の割合で何らかの低下が見られる日常生活能力
全74項目の要介護認定調査項目において、
・介助の項目（16項目）で、「全介助」又は「一部介助」等の選択肢
・能力の項目（18項目）で、「できない」又は「つかまれば可」等の選択肢
・有無の項目（40項目）で、「ある」（麻痺、拘縮など）等の選択肢
を選択している割合が80％以上になる項目について集計

注１）要介護度別の状態像の定義はない。

注２）市町村から国（介護保険総合データベース）に送信されている平成26年度の要介護認定情報に基づき集計（平成28年２月15日時点）

注３）要介護状態区分は二次判定結果に基づき集計

注４）74の各調査項目の選択肢のうち何らかの低下（「全介助」、「一部介助」等）があるものについて集計

厚生労働省老人保健課資料より作成

・**要介護4**

要介護3の状態に加え、さらに動作能力が低下し、介護なしには日常生活を営むのが困難な状態です。自力だけで移動するのが難しくなり立ち上がりや歩行、トイレでの排泄も介助や車椅子が必要です。着替えや洗面、食事、入浴なども介助を要します。

・**要介護5**

要介護4の状態よりさらに動作能力が低下しており、介護なしには日常生活を営むことがほぼ不可能な状態です。寝たきりの状態で寝返りや排泄、食事などすべてに人の手を必要とします。意識状態が悪くなり、意思の疎通が難しくなる場合もあります。

〈要介護認定の区分は6カ月、12カ月ごとに更新〉

要介護認定の有効期間は原則として6カ月、または12カ月です。新規申請のときや期間の途中で区分変更申請をしたときは、6カ月後に再び訪問調査などを行い、要介護区分に変更がないかを確認します。これは高齢者が急な病気やけがなどで入院した場合、治療の経過が分からない不安定なときに要介護認定の申請が出され、訪問調査員が病院を訪ねて調査をしても、退院の頃にはまた状態が変わってしまうことが少なくないからです。

2期目以降の更新申請では基本的に12カ月が有効期間になります。介護保険サービスを利用し始めたあとも原則1年に1回、要介護区分の確認や見直しが続けられていきます。ただし、2期目以降の更新申請に際しては、介護認定審査会で心身の安定状況が確認されれば24カ月から48カ月の期間延長が可能となっています。

一方、基礎疾患の急性増悪や転倒などによるけがが原因で入院となった場合は、介護保険によるサービスをいったん停止しなければなりませんので、必ず担当のケアマネジャーに連絡しなければなりません。

〈要介護度が高くなるほど、利用額（自己負担額）もアップ〉

介護保険サービスは、要介護度によって利用できる枠（区分支給限度基準額）が決められています。要介護度が重くなるほどサービスの利用枠は大きくなりますが、その分自己負担額も高くなります。例えば要介護1であれば、ホームヘルパーの訪問を利用できるのは週に1回程度ですが、要介護3ではヘルパー利用を週2回、そのほかに訪問看護または訪問リハビリを週1回利用できるといったイメージです。

利用枠は次ページの表のように単位数で定められています。1単位が10円で、自己負担

図7　要介護度別の自己負担額目安

区分	状態像の目安	区分支給限度額	自己負担額（1割）	自己負担額（2割）	自己負担額（3割）
要支援1	日常生活はほぼ自立しているが、先々に要介護になるのを防ぐためになんらかの支援が必要な状態。	5,032単位	5,032	10,064	15,096
要支援2	先々に要介護になるのを防ぐために支援が必要。介護予防によって状態が改善する可能性がある。	10,531単位	10,531	21,062	31,593
要介護1	立ち上がりや歩行に不安があり、買い物や掃除などの生活にも少しずつ援助が必要になっている。	16,765単位	16,765	33,530	50,295
要介護2	立ち上がりや歩行が一人でできない場合があり、買い物や金銭管理等にも援助が必要。	19,705単位	19,705	39,410	59,115
要介護3	入浴や排泄、立ち上がり、歩行等に援助を必要とすることが多い。認知機能の低下が見られることがある。	27,048単位	27,048	54,096	81,144
要介護4	歩行等が自分ではできず、入浴や排泄などにも介助が必要。問題行動や理解力の低下が見られることがある。	30,938単位	30,938	61,876	92,814
要介護5	日中もベッド上で過ごし、入浴や排泄などに全介助が必要。理解力が低下し、意思疎通ができないことも。	36,217単位	36,217	72,434	108,651

※区分支給限度額については1単位＝10円で算出　（単位:円）

厚生労働省「2017年度介護給付費等実態調査の概況」より作成

額が１割の人であれば、単位数がそのまま１カ月の自己負担上限額になります。２割・３割負担域の人は２倍・３倍となります。基本的にこの基準は全国一律（標準地）のものですが、地域区分があり、東京都など人件費や物価が高い地域ではその分料金が割増になっています。また介護保険サービス事業所の規模やサービス内容等により、介護報酬の加算を受けている場合は利用料が変わる場合があります。

〈介護保険サービス利用の自己負担額は、所得により１〜３割〉

介護保険サービスを利用したときは、介護サービス事業者に所定の自己負担額を支払います。自己負担額は所得により１〜３割です。基本的に、世帯に65歳以上の高齢者が１人の場合、年金収入とその他の合計所得金額が２８０万円（高齢者が２人の場合は３４６万円）未満であれば自己負担額は１割です。２８０万円以上、３４０万円未満（２人の場合は３４６万円以上、４６３万円未満）で２割、それ以上に所得がある人は３割となります。

ちなみに久留米市では、介護保険の保険証のほかに高齢者１人に１枚「介護保険負担割合証」を交付しており、そこにその人の自己負担割合が記載されています。

図8 自己負担額1～3割のチャート

利用者負担の割合の決まり方

利用者本人と、同じ世帯にいる65歳以上の方の所得により決まります

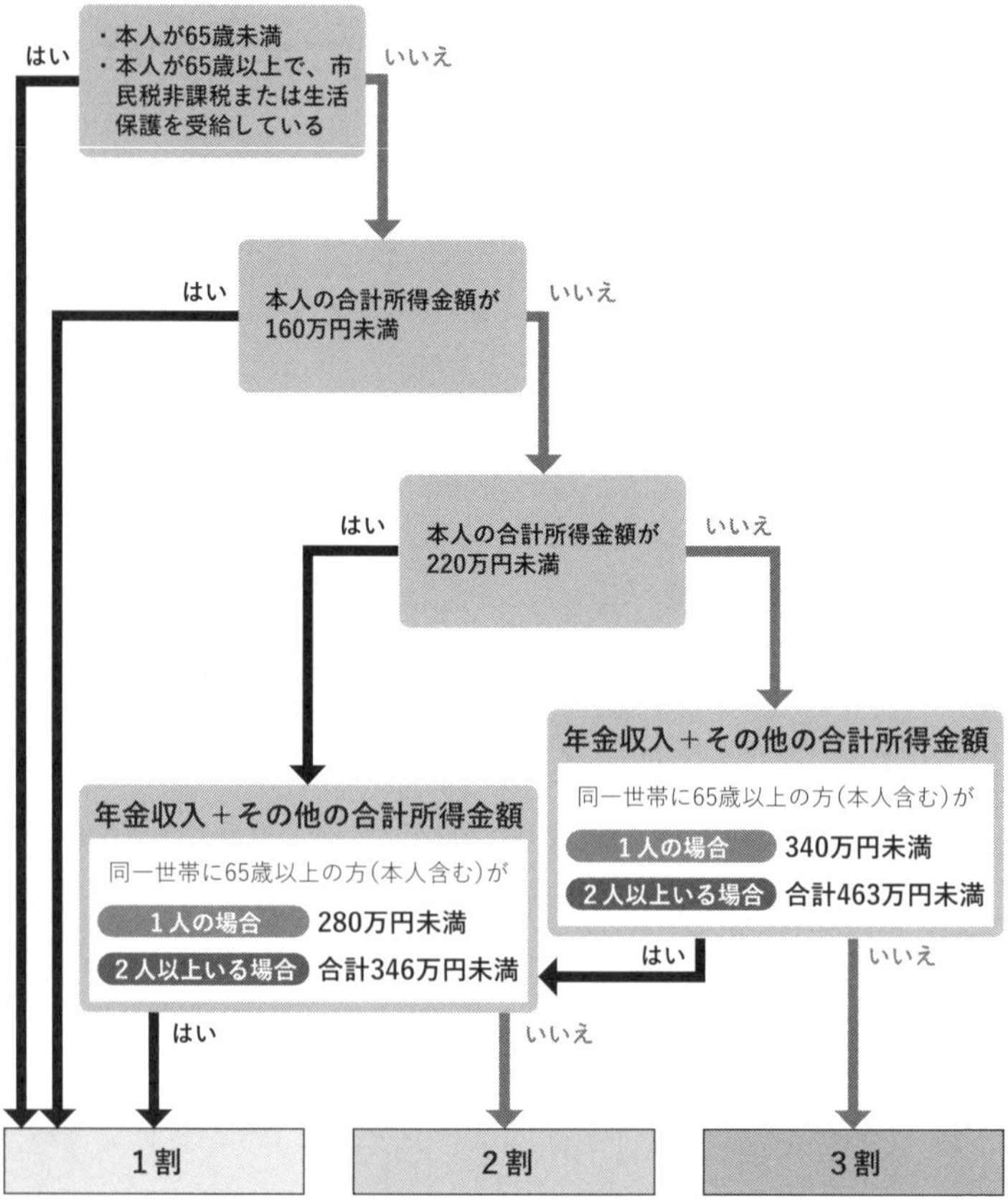

久留米市 高齢者支援パンフレット 令和5年度版より作成

介護サービス計画を考えるのはケアマネジャー

介護保険サービスは、介護サービス計画（ケアプラン）に沿って提供されます。ケアプランは利用者が自身で作成することも可能ですが、制度が複雑で現実には難しいため、代行してこの計画を考えるのが介護支援専門員＝ケアマネジャーです。

ケアマネジャーは介護保険法で規定された公的資格です（ただし、国家資格ではありません）。介護が必要な高齢者の健康状態や生活自立度、住環境、介護者（家族）の状況などを確認し、本人・家族の希望に合わせて必要な介護サービスを計画し、それを実行できるように介護サービス事業者と調整をしていきます。いわば介護保険制度において利用者（高齢者）と介護サービスとをつなぐ要になるのがケアマネジャーです。総じて優秀なケアマネジャーは、高齢者と家族の介護生活においてとても頼りになる存在です。

ただし、一口にケアマネジャーといってもさまざまな立場の人がいます。ケアマネジャー資格の受験資格は医療、保健、介護、福祉の専門職の専門資格を保有し、業務の実務経験が５年以上、従事した日数が９００日以上という条件があります。そのため同じケアマネジャーでも介護福祉士など福祉の分野に強い人もいれば、看護師として働いていて医療に詳しい人もいるため、希望の介護内容や地域の口コミなどを参考に選定してもらえればと思います。またケアマネジャーは介護サービス事業所や高齢者施設に所属しているケースがほとんどです。一部には利用者獲得のため、必ずしも必要がないのに自分の事業所・施設の利用を強く勧めてくるようなこともありますので注意が必要です。

介護保険サービスは医療・介護・福祉の専門職がチームで対応

介護保険サービスでは、ケアマネジャーを中心に医療・介護・福祉のさまざまな専門職や地域住民が関わり、チームとして高齢者と家族を支えていきます。介護保険サービスの提供に関わる職種には次のようなものがあります。

【在宅介護サービスに関わる医療専門職】

・医師（主治医）……高齢者の医療ケアについての方針を決める

・看護師……高齢者の体調管理や看護ケアを行い、介護者への指導なども行う
・薬剤師……使用する薬を確認し、処方どおりに飲めているか管理する
・歯科医師……虫歯や歯周病治療のほか、入れ歯や嚥下の状態を見ることもある
・リハビリ専門職（理学療法士、作業療法士、言語聴覚士）……自宅や施設内でリハビリを行う

【在宅介護サービスに関わる介護・福祉の専門職】

・ケアマネジャー……ケアプランを作成し介護保険サービス全体を把握・管理調整する
・ホームヘルパー（訪問介護員）……家事などの生活支援や介護を行う
・福祉住環境コーディネーター……介護をするのに適した住環境を提案する
・福祉用具専門相談員……必要な福祉用具の提案、使用法の指導などを行う

【行政、そのほかの関係者】

・市町村の介護・高齢者支援窓口担当者……介護関係の申請受け付け、介護保険証の発行などを行う

・地域包括支援センター……ケアマネジャーの後方支援、地域ケア会議などを行う
・民生委員、地域ボランティアなど……一人暮らし高齢者の見守りなどを担当することもある

家族のなかで介護のキーパーソンを決めておく

介護保険サービスに限りませんが、高齢者の介護をするうえでは家族の同意が求められたり、医療・介護の方針を決めたりしなければいけないことが多々出てきます。そのときに家族・親類の中で意見が統一されていないと、医療・介護の現場はとても混乱します。よくあるのが、長く入院治療を続けてきた高齢者本人は、もう治療はいいので家に戻りたいと希望しているのに、あとから事情を知った親族が急に現れ、「大きな病院に移り、ちゃんと治療をしたほうがいい」などと主張してくるケースです。高齢者医療の現場では〝遠い親戚問題〟と揶揄されているくらいです。

また同じ親の子どもでも、きょうだい間で意見が異なることもよくあります。親の思いを尊重して在宅介護を考えたい人と、介護の経験のない家族で看るのは無理だから、施設

や病院を探すべきだと言う人もいます。子どもでも親と同居か別居か（近居か遠距離か）、独身か既婚かなどの立場の違いもありますし、それぞれの親子関係や価値観の違いもあります。ですから異なる意見があることを前提に一度、家族内でよく話し合って介護・療養に関する窓口を一人に決めておくとあとから楽になります。

またキーパーソンになる人もそうでない人も、心しておいてほしいのが「年をとっても認知症になっても、親の人生は親のもの」だということです。家族の希望による無理な治療継続が高齢者を苦しめることがあります。また認知症の高齢者を一人にしておけないと安易に施設に送り込むと、高齢者は住み慣れた地域での生活を奪われ、元気を失ってしまうこともあります。高齢者が意思表示をできるなら、なるべく本人の思いを尊重し、意思表示が難しいときは「本人ならどうしたいと思うだろうか」と想像力を働かせ、方針を判断してほしいと思います。

また、キーパーソンを決めたからといって、その一人だけに介護を負わせるのは大きな負担になります。介護は毎日のことですし、多くの場合、何年も続く長期戦になります。基本的にはキーパーソンが介護を担い、別のきょうだいも帰省した際にできることを手伝ったり、定期的に連絡を取り合ったりするなど、家族内で協力して介護をする体制を整えることが大切です。

基本の介護保険サービス①

デイサービスなどの「居宅サービス（通所系）」

全国どの地域でも利用できる基本的な介護保険サービスは①「居宅サービス（通所系）」、②「居宅サービス（訪問系）」、③「施設系サービス」の3つがあります。①②は自宅に居住する人が受けられるサービスです。③は介護保険施設等に入所する人が利用できるものです。

これらのほかに在宅介護のための「福祉用具貸与」や「住宅改修費補助」といったサービスもありますし、それぞれの市町村住民を対象とする「地域密着型サービス」もあります。こうしたサービスのなかから利用者に必要なものを組み合わせてケアプランを作成し、それに沿ってサービスを提供していきます。

まず「居宅サービス（通所系）」は、在宅や施設で療養をする高齢者（利用者）が介護サービス事業所に通い、日帰りでサービスを受けるものです。利用する日は朝にスタッフが車で自宅まで迎えに来てくれ、事業所で食事や入浴などのケアを受けたり、レクリエーションなどの活動をしたりして夕方に自宅に送るというパターンが一般的です。週に1～数回デイサービスなどに通うことは、自宅にこもりがちな高齢者にとって良い気分転換になります。また介護を担う家族も高齢者がデイサービスに通っている間は介護から少しだけ離れ、自分の時間をもつことができます。高齢者のためにも家族のためにも、定期的な通所サービスの利用は意義があります。

・通所介護（デイサービス）……介護サービス事業所に通い、利用者は食事や入浴などのケアを受けます。体力向上のための体操や歌唱、手芸、料理などのレクリエーションが活発な施設もあります。

・通所リハビリテーション（デイケア）……介護サービス事業所や医療機関、老人保健施設などに通ってリハビリ専門職の指導を受け、心身機能の維持向上のためのリハビリを行います。

・短期入所生活介護（ショートステイ）……利用者が介護サービス事業所や医療機関に短期間宿泊し、食事などの介護やリハビリなどを受けます。冠婚葬祭や入院などで家族が一時的に介護をできないときのほか、家族の介護疲れを軽減する目的で利用されること

図9　利用できる主な介護サービスについて

自宅で利用するサービス	訪問介護	訪問介護員（ホームヘルパー）が、入浴、排せつ、食事などの介護や、調理、洗濯、掃除等の家事を行うサービス
	訪問看護	自宅で療養生活が送れるよう、看護師が医師の指示のもとで、健康チェック、療養上の世話などを行うサービス
	福祉用具貸与	日常生活や介護に役立つ福祉用具（車いす、ベッドなど）のレンタルができるサービス
日帰りで施設等を利用するサービス	通所介護（デイサービス）	家事や入浴などの支援や、心身の機能を維持・向上するための機能訓練、口腔機能向上サービスなどを日帰りで提供する
	通所リハビリテーション（デイケア）	施設や病院などにおいて、日常生活の自立を助けるために理学療法士、作業療法士などがリハビリテーションを行い、利用者の心身機能の維持回復を図るサービス
宿泊するサービス	短期入所生活介護（ショートステイ）	施設などに短期間宿泊して、食事や入浴などの支援や、心身の機能を維持・向上するための機能訓練の支援などを行うサービス。 家族の介護負担軽減を図ることができる。
居住系サービス	特定施設入居者生活介護	有料老人ホームなどに入居している高齢者が、日常生活上の支援や介護サービスを利用できる
施設系サービス	特別養護老人ホーム	常に介護が必要で、自宅では介護が困難な方が入所する。食事、生活、排せつなどの介護を一体的に提供する。（※原則要介護3以上の方が対象）
小規模多機能型居宅介護		利用者の選択に応じて、施設への「通い」を中心に、短期間の「宿泊」や利用者の自宅への「訪問」を組み合わせて日常生活上の支援や機能訓練を行うサービス
定期巡回・随時対応型訪問介護看護		定期的な巡回や随時通報への対応など、利用者の心身の状況に応じて、24時間365日必要なサービスを必要なタイミングで柔軟に提供するサービス。訪問介護員だけでなく看護師なども連携しているため、介護と看護の一体的なサービス提供を受けることもできる。

公益財団法人　生命保険文化センターより作成

もあります。

基本の介護保険サービス②

訪問介護、訪問看護などの「居宅サービス（訪問系）」

訪問系のサービスは、医療・介護の専門スタッフが利用者の自宅を訪問してサービスを提供するものです。利用時間や対応できる業務はそれぞれ決められていて、こうした訪問サービスを上手に活用すると、一人暮らし高齢者でも住み慣れた自宅での生活を継続しやすくなります。訪問系のサービスには次のようなものが挙げられます。

・訪問介護……所定の時間内でホームヘルパーが生活援助や身体介護を行います。生活援助は買い物、料理、掃除、洗濯などの一般的な家事支援です。身体介護（利用者の体に直接触れる介護）には食事や着替え、入浴、排泄、移動の介助などがあり、有資格の介護職員やヘルパーがサービスを行います。なお、訪問介護では、喀痰《かくたん》吸引（一定の研修を修了した介護職員のみ可能）、服薬管理、創部処置などの医療行為は禁止されています。

・訪問看護……訪問看護師が自宅を訪問し、医師の指示に基づいて健康状態の確認や看護・介護をします。排泄や入浴の介助などのほか、点滴や褥瘡ケアなど医療従事者でなければ行えない処置も手がけます。

・訪問リハビリテーション……医師の指示により理学療法士などのリハビリ専門職が自宅を訪問し、高齢者の心身機能の維持回復や日常生活の自立を目的としたリハビリを行います。

・訪問入浴介護……自力での入浴が難しくなった人を対象に看護・介護スタッフが自宅を訪問し、持参した浴槽で入浴サービスを提供します。

・居宅療養管理指導……医師が月に1～2回など定期的に自宅を訪問し、利用者の健康状態の確認や必要な管理指導を行います。医師の指示により薬剤師や管理栄養士が訪れて本人・介護者に服薬や栄養の指導をすることもあります。また口腔ケアや入れ歯の調整が必要なときは、歯科医師や歯科衛生士が訪問して対応します。

その他の介護保険サービス

在宅介護のための介護用品の補助もある（福祉用具サービス）

要介護・要支援になった高齢者を自宅で介護するためには介護ベッドや車椅子、ポータブルトイレといった介護用品（福祉用具）が必要になります。高齢者の状態は年々少しずつ変わっていきますので、その時々で必要な介護用品を一つひとつ購入していると費用負担がとても大きくなります。そこで介護保険サービスにはこうした介護用品をそろえるための費用を補助するサービスもあります。介護用品の補助には、レンタルサービスと購入費支給があります。

レンタルサービスは要介護度（要支援1～要介護5）により、レンタルできる介護用品が決められています。レンタルの費用は毎月のケアプランに組み込まれ、ほかのサービスと併せて自己負担額の範囲で利用できます。また便座やポータブルトイレなど、レンタルに適さないものは購入になります。こちらは要介護度にかかわらず、対象の介護用品購入にかかった自己負担額を請求すると、年10万円を上限に購入費の支給を受けられます。

多くの場合、ケアプランを作成する時点でケアマネジャーから必要な介護用品等についても提案や確認があると思いますので、必要なものを伝えましょう。介護用品でレンタルできるものと購入費補助があるものは次のものです。

・レンタルサービス（福祉用具貸与）

車椅子・車椅子付属品、特殊寝台（介護ベッド）・特殊寝台付属品、床ずれ防止用具・体位変換装置、手すり（工事を伴わないもの）、スロープ（工事を伴わないもの）、歩行器、歩行補助杖、認知症老人徘徊感知機器、移動用リフト（つり具の部分を除く）、自動排泄処理装置

・特定福祉用具販売（福祉用具購入費の支給）

腰掛便座（据え置き型便座、ポータブルトイレなど）、入浴補助用具、簡易浴槽、自動排泄処理装置の交換可能部品、移動用リフトのつり具、排泄予測支援機器

その他の介護保険サービス

在宅介護の住環境を整える「住宅改修費補助」

要支援・要介護の高齢者が自宅で安全に生活をしていくには、住環境の整備が必要な場合も少なくありません。足腰が弱り玄関などの段差が多いと外出がしにくくなりますし、足をひっかけて転倒のリスクも高くなります。屋内でも部屋と廊下を分ける小さな段差につまずいて骨折をしたり、階段で滑って転落したりするといった事故も起きやすくなります。

介護保険サービスでは、こうした転倒防止のための手すりの設置や段差の解消、トイレや浴室のドアを引き戸に変更するといった小規模な住宅改修費用を補助するサービス（住宅改修費補助）もあります。

対象は、要支援～要介護の高齢者が住んでいる住宅で、限度額は１人につき20万円です。工事費はいったん全額を支払い、あとから１～３割の自己負担割合を除いた額が支給されます。補助を受けるには改修工事を始める前に申請をしておく必要がありますから、やはりケアマネジャーに相談をしておく必要があります。介護保険が利用できる改修は次の6種類です。

①手すりの取り付け
②段差の解消
③すべり防止や移動の円滑化のための床または通路面の材料の変更
④引き戸などへの扉の取り替え
⑤洋式便器などへの便器の取り替え
⑥①～⑤の住宅改修に付帯して必要になる住宅改修

なお、住宅改修が大がかりになると20万円の補助では済まないこともありますが、対象となる工事だけでも活用すれば負担軽減になります。また介護保険以外に、市町村が独自に住宅改修費の補助を行っているところもあります。例えば久留米市では、省エネやバリアフリーのための住宅改修を対象に上限10万円の補助を行っています（２０２３年度実績）。介護に備えて改修を考えるときは一度、ケアマネジャーや市町村の担当窓口に確認をしてみてください。

基本の介護保険サービス③
介護保険施設などに移り住んで介護を受ける「施設系サービス」

高齢者の自宅に代わり、特別養護老人ホームなどの介護保険施設などに入所してサービスを受けるのが施設系のサービスです。要介護度が高くなるなど、なんらかの理由で自宅での介護が難しくなったときには施設系サービスを利用することも選択肢になってきます。もう少しで後期高齢者の仲間入りをする私としては、要介護になっても高齢者が自宅で暮らしたいと望むときはできるだけ在宅での支援を検討してほしいと思います。ですが、高齢者自身が施設介護を希望することもありますし、諸事情から施設介護でないと対応できないというときは施設の種類や受けられるサービス・費用などについてよく調べ、十分に検討したうえで選んでもらえればと思います。

また、介護保険による公的な施設には「特別養護老人ホーム（特養）」「介護老人保健施設（老健）」「介護医療院」があります。民間の高齢者住宅などに比べて割安にサービスを利用できますが、施設の種類により入居条件や受けられるサービスは異なります。

【介護保険施設の施設サービス】

・特別養護老人ホーム（対象：要介護3以上）

要介護度が重い人が、必要な介護を受けながら生活をするための施設です。本人・家族の希望により看取りに対応する施設も多くあります。待機者が多いために希望するときに入所できない場合も少なくありませんが、入所は先着順ではなく、施設介護の必要性によって決まります。仮に申込みをしておき、通所や訪問の居宅サービスで在宅生活を支援しながら入所を待つといった方法もあります。

・介護老人保健施設（対象：要介護1以上）

介護老人保健施設（以下、老健）は、急性期の治療を終えたあと、自宅にすぐに戻るのは難しいような人が3～6カ月を目安に入所する施設です。ここで介護やリハビリや医療的ケアなどを受けながら在宅復帰を目指します。老健のなかでも介護療養型老人保健施設（新型老健）というタイプは長期の療養者を受け付けています。

・介護医療院（対象：Ⅰ型／要介護4・5、Ⅱ型／要介護1以上）

2018年に新しく創設されたのが介護医療院です。これは従来、介護療養型医療施設（2024年3月で廃止）と呼ばれていた施設に代わるものです。介護医療院にはⅠ型と

Ⅱ型があり、Ⅰ型は重い身体疾患・障害があり高度な医学的管理が必要な人や、慢性疾患を抱える認知症高齢者などが入所し、長期にわたり介護と医学管理を受けながら過ごします。看取りやターミナルケアにも対応しています。Ⅱ型はⅠ型より状態の安定した人が対象です。

【居住系サービス（特定施設入居者生活介護）】

介護保険施設ではありませんが、公的・民間の軽費老人ホーム（ケアハウス）や養護老人ホーム、民間の有料老人ホーム、サービス付き高齢者向け住宅のうち、国の定める基準を満たした施設を指します。これは24時間の見守りと介護を受けられるのが特徴です。施設スタッフが介護サービスを行うケースと、外部の事業者が対応するタイプがあります。施設や事業者により入居の対象や費用、受けられるサービスなどには大きな幅があります。

・軽費老人ホーム（ケアハウス）

都道府県や市町村が運営・管理に関わる公的な高齢者施設です。60歳以上の高齢者で心身の虚弱や経済面で自宅での生活に不安があり、家族による援助を受けられない人が利用できます。介護型（65歳以上、要介護１以上）と一般型（60歳以上、自立～軽介護度）があり、介護型は24時間の見守りを含む特定施設入居者生活介護を受けられます。一般型の軽費老人ホームの入居者が要介護になったときは、通所や訪問の居宅サービスが利用可能です。

・養護老人ホーム

高齢者向けの福祉施設で、都道府県や市町村が管理をしています。65歳以上で環境や経済上の理由から自宅で養護を受けられない人が入所し、介護・養護を受けます。生活に困窮している人や障害のある高齢者などが利用するケースが多いです。

・有料老人ホーム

民間の高齢者住宅です。介護付きと住宅型とに分けられ、介護付き有料老人ホームでは介護保険の特定施設入居者生活介護を、住宅型では一般の居宅サービスを受けられます。一般に住宅型は自立の人から要介護度の軽い人、介護付きは要介護度が高い人が対象になっていることが多いですが、施設によって入居の条件や費用、受けられるサービスは大きく異なります。施設によっては要介護度が高くなると別の施設への転居や退去を求められることもあるので、十分に確認をして検討する必要があります。

・サービス付き高齢者向け住宅（以下、サ高住）

民間の高齢者住宅でバリアフリー、入居者の安否確認、生活相談というサービスがついているのが特徴です。有料老人ホームと同様に介護型は介護保険の特定施設入居者生活介護を、一般型は居宅サービスを受けることができます。やはり施設により、対象者や入居費用、生活費、介護サービス体制などの諸条件は異なります。在宅生活が困難になって住み替えを考えるのであれば、要介護度が高くなったときや看取りへの対応なども確認しておきたい要素です。

【医療保険での長期療養病床について】

介護保険サービスではありませんが、第2号被保険者のところで挙げた特定疾病や指定難病などがあり、高度な医学的な管理が必要な人では医療保険による医療療養型病院（病床）に入院して療養するケースも少なくありません。

介護療養病床（介護療養型医療施設）の利用者の基本条件は「医学的な管理が必要な要介護1以上の高齢者」となっています。しかし実際の利用者は要介護度4以上、80歳以上の高齢者が大部分を占めており、要介護度の低い人はなかなか利用できない傾向があります。また医療機関によって自宅療養支援にも力を入れている施設と、初めから長期療養場所として終末期医療や看取りに対応している医療機関もあります（２０２４年３月末に廃止）。

その他の介護保険サービス
認知症の人などを地域で支える「地域密着型サービス」

介護保険サービスのなかで「地域密着型サービス」と呼ばれるものがあります。これまで紹介してきた介護保険サービスは、国によるサービスで指定・監督を行うのは都道府県です。このほかに市町村が指定・監督をする介護（介護予防）サービスがあり、それが「地域密着型サービス」といわれます。国のサービスと異なるところは比較的小規模な事業所で、利用できるのが市町村住民に限られるという点です。つまり国の介護保険サービスであれば隣市に住む人でも利用できますが、地域密着型サービスは久留米市なら久留米市民でなければ利用できないということです。市町村によって事業者の数や手がけるサービスはまちまちですが、地域に地域密着型の施設があれば、小規模事業所ならではの家庭的な雰囲気のなかで介護・支援を受けられます。認知症ケアに詳しい職員が多い施設もあり、こうした地域密着型サービスは認知症の人を地域で支える役割も期待されています。
地域密着型サービスのなかで、主なものを次に挙げておきます。

【地域密着型の居宅サービス（通所）】

・地域密着型デイサービス（地域密着型通所介護）
利用定員18人以下の小規模なデイサービスです。利用者は食事や入浴などの介助を受けたり、体操やレクリエーションなどをしたりして過ごします。

・認知症対応型デイサービス（認知症対応型通所介護）
認知症の人を対象としたデイサービスです。利用定員は12人以下で、認知症ケアに詳しいスタッフが利用者一人ひとりをサポートします。

【地域密着型の居宅サービス（訪問）】

・定期巡回・随時対応型訪問介護看護
看護師とホームヘルパーが連携し、定期的に利用者を訪問して見守りをするとともに緊急の通報にも24時間365日で対応するサービスです。

・**夜間対応型訪問介護**

ホームヘルパーが夜間に定期的な訪問をし、夜間の通報にも対応するサービスです。在宅高齢者の夜間の見守りに特化したサービスです。

【地域密着型の複合的サービス／施設サービス】

・**小規模多機能型居宅介護**

小規模の施設でデイサービス、訪問介護（看護）、ショートステイを利用者・介護者の必要に応じて柔軟に組み合わせて利用することができます。ケアプランは施設のケアマネジャーが作成し、ほかの居宅サービスと併用することはできません。

・**グループホーム（認知症対応型共同生活介護）**

認知症の人が施設に移り住み、少人数（5～9人）で介護スタッフの支援を受けながら共同生活を送ります。認知症ケアに詳しいケアマネジャーがケアプランを作成します。

介護にかかる費用の負担軽減策も活用を

多くの人が気になるのが介護にかかる費用だと思います。介護保険サービス（介護予防サービス）については、要介護度に応じた区分支給限度基準額までのサービスは１〜３割の自己負担で済みます（１０２ページ参照）。ただしサービスが基準額を超えると全額（10割）自己負担になりますからそこは注意が必要です。

さらに介護保険サービス費用のほかにも、口腔ケア用品や紙おむつ・パッドなどの衛生用品、栄養補助食品、配食サービスなどの費用が必要になることがあります。さらに持病がある人では医療費や通院の交通費、介護タクシーなどのお金もかかってきます。

介護をする人は家族間のトラブルを防ぐ意味でも、毎月かかった介護費用を把握し、記録をつけて管理をしていくと安心です。

また介護費や医療費が高額になったときのために、次のような負担軽減策もあります。

・高額介護サービス費

介護保険サービスの自己負担額が高額になった場合、一定の基準を超えた分は払い戻しを受けることができます。住民税課税世帯で課税所得380万円未満であれば、世帯の自己負担限度額は月額4万4400円までとなり、それを超えた分は払い戻されます。住民税非課税世帯では限度額が月1万5000円になります。

ただし、対象となるのは介護保険サービスの自己負担限度額の範囲のみで、それを超えた分は対象外になります。福祉用具購入費や住宅改修費の自己負担額、施設サービスの食費、居住費、日常生活費なども同じく対象外です。

・高額療養費制度

高齢者の医療費が高額になった場合、一定の上限額を超えた分が払い戻される制度です。健康保険による医療費自己負担額は70歳未満の人ではすべて3割ですが、70～74歳では現役並み所得者が3割、それ以外の人が2割になります。75歳以上では現役並み所得者が3割、一定以上所得者が2割、一般所得者が1割という3段階になります。

また事前に「高齢受給者証（または限度額適用認定証）」を申請しておけば、病院などの窓口で受給者証を提示すれば限度額だけを支払うこともできます。

図 10 高額介護サービス費、高額医療・高額介護合算療養費制度表

高額介護サービス費における負担限度額（月額：2021〈令和3〉年8月以降）

区分	限度額
課税所得690万円以上（年収約1,160万円以上）	140,100 円（世帯）
課税所得380万円以上690万円未満（年収約770万円以上約1,160万円未満）	93,000 円（世帯）
住民税課税～課税所得380万円未満（年収770万円未満）	44,400 円（世帯）
世帯の全員が住民税を課税されていない世帯	24,600 円（世帯）
うち前年の課税年金収入額＋その他の合計所得金額が80万円以下	15,000 円（個人）
生活保護受給者	15,000 円

※（世帯）は同じ世帯で介護サービスを利用した人全員の負担額を合計したときの限度額で、（個人）は介護サービスを利用した本人の負担の限度額。
※課税所得：基礎控除のほか配偶者控除など各種所得控除後の金額。
※その他の合計所得金額：合計所得金額から公的年金等に係る雑所得（公的年金等収入額から公的年金等控除額を差し引いた金額）を差し引いた金額。合計所得金額とは、収入から公的年金等控除や給与所得控除、必要経費を控除した後で、基礎控除や人的控除等の控除をする前の所得金額のことで、長期譲渡所得及び短期譲渡所得に係る特別控除がある場合は、控除した額で計算。

高額医療・高額介護合算療養費制度における限度額（年額：8月1日～翌年7月31日）

70歳未満の世帯

月給 会社員・公務員など 所得 自営業者や年金暮らしの人など	限度額
月給 81万円以上 所得 901万円超	212万円
月給 51.5万円以上　81万円未満 所得 600万円超～901万円以下	141万円
月給 27万円以上51.5万円未満 所得 210万円超～600万円以下	67万円
月給 27万円未満 所得 210万円以下	60万円
住民税非課税者	34万円

70～74歳の世帯・75歳以上の世帯

	月給 会社員・公務員など 課税所得 自営業者や年金暮らしの人など	限度額
現役並み所得者	月給 81万円以上 課税所得 690万円以上	212万円
現役並み所得者	月給 51.5万円以上81万円未満 課税所得 380万円以上690万円未満	141万円
現役並み所得者	月給 27万円以上51.5万円未満 課税所得 145万円以上380万円未満	67万円
一般	月給 27万円未満 課税所得 145万円未満	56万円
住民税非課税	世帯全員が住民税非課税	31万円
住民税非課税	世帯全員が住民税非課税 ＋ 収入が一定額以下 （年金収入が80万円以下など）	19万円 同じ世帯に介護サービス利用者が複数いる場合は31万円

※月給：標準報酬月額の範囲を指します。
※所得：前年の総所得金額等から基礎控除を差し引いた金額の世帯合計。
※課税所得：基礎控除のほか配偶者控除など各種所得控除後の金額。
※現役並み所得者：医療保険の負担額が3割の人。

同じ世帯に70～74歳の人と70歳未満の人がいる場合、まず70～74歳の自己負担合算額を適用した後、残る負担額と70歳未満の自己負担合算額を合わせた額に限度額を適用する。

公益財団法人 生命保険文化センターのホームページより作成

・高額医療・高額介護合算療養制度

介護費と医療費の世帯あたりの自己負担額が高額になった場合は、高額医療・高額介護合算療養制度を利用することもできます。これもやはり一定の基準を超えた分は払い戻しを受けられる制度です。70歳以上で所得が一般にあたる世帯であれば、医療費・介護費の自己負担額が年間56万円を超えるときは、払い戻しの対象となります（129ページ参照）。

これらのほかにもさまざまな経済的な支援策・負担軽減策がありますから、介護のお金の悩みが生じたときは家族だけで悩まず、担当ケアマネジャーや地域包括支援センターに遠慮なく相談すべきです。

また、お金の問題に限らず、ケアマネジャーとの相性や介護保険（介護予防）サービスの内容に不満・不安があるというときは、介護保険制度の基本を理解したうえで地域包括支援センターを賢く利用することにより、高齢者の介護は非常にラクになると思います。

第4章

地域包括支援センターは地域の総合相談窓口

介護に対する不安を解消した12のケース

地域包括支援センターの高齢者と家族支援の実際

地域包括支援センターは、高齢者の暮らしや介護についてなんでも相談することができますが、実際のところ、どのように利用したらいいのか分からない、という人はまだまだ少なくないようです。実際に私たちの地域包括支援センターを過去に利用した人たちも、相談の内容はさまざまでしたし、それに対する支援策、関係する専門職、支援にかかる期間などもケースによってずいぶん異なりました。こうした事例を知ることで地域包括支援センターの実際の支援状況について知ってもらえると思います。

もちろんすべての事例で相談者が100％満足のいく結果を提供できるわけではありませんが、地域包括支援センターに相談してもらえば、必ずなんらかの支援へとつなぎます。行政機関というと一般市民には対応が良くないイメージをもつ人もいるかもしれませんが、地域包括支援センターでは「うちでは対応していない」などと窓口に来た人を追い返すようなことはありません。センターで対応が困難なときは、代わりの支援窓口を紹介しますし、相談者が次のアクションをとれるように、具体的に情報提供を行います。ですから悩みや聞きたいことがあれば、いつでも安心して相談に来てほしいと思います。

ケース1 まだ介護は先と思いつつ、不安があった高齢者本人の相談

・相談者（高齢者との関係）：80歳女性（本人）
・高齢者の生活背景：戸建ての自宅に一人暮らし
・相談内容
80歳になったので周りの人から「お守り代わりに介護保険を申請するように」と勧められたということで総合相談の窓口を訪れました。Dさんは特に持病もなく、体力の低下を自覚するものの買い物から調理、掃除などの家事もこなしています。また介護で人の世話になる必要性は感じていないけれど、「この先、体が弱ったらどうしよう」と不安になることもあるという話でした。

・**地域包括支援センターの対応**
Dさんのお話をじっくりと聞いたうえで、Dさんの場合は介護保険ではなく、元気な高齢者のための介護予防の活動がふさわしいと判断しました。地域の介護予防教室があることを紹介し、参加を促しました。その結果、Dさんは自主グループの「いきいき健康体

操」を利用することになり、知人も増えて先々への不安も解消した様子です（相談回数は1回）。

・コメント

「自分はまだまだ元気だし、介護は必要がない」という人でも、何か気がかりなことがあれば地域包括支援センターにいつでも相談してください。要介護認定で「非該当（自立）」の人でも、介護予防のための講座や地域活動など、市町村の高齢者支援サービスを受けることができます。一人暮らしの高齢者であれば、安否確認の見守りなどの支援につなげることもできます。また、一度でも地域包括支援センターに相談歴があると、なにかのきっかけでさらに支援が必要になった場合に対応がスムーズになります。

ケース2　80代の父親を持つ息子が、介護保険申請をしたいと希望

・相談者（高齢者との関係）：50代男性（息子）
・高齢者の生活背景：80代の父親と息子とで戸建ての自宅に居住
・相談内容
80代後半になった父親は大きな病気はありませんが、ここ1年ほどで同じ話を繰り返し

たり、少し前に自分がしたことを覚えていなかったりするなど、物忘れがひどくなってきました。そこで介護保険の申請をしたいと考えましたが、どこに相談していいか分からず、近所の人に地域包括支援センターに相談するよう勧められてセンター窓口を訪問されました。

・地域包括支援センターの対応

窓口で父親の様子について話をうかがい、その後に要介護・要支援申請書の書き方、主治医の確認、訪問調査などの手続きとその流れについて説明をしました。併せて、父親の日常生活に支障があるようであれば専門医を受診するようにアドバイスを行いました。介護保険の要介護認定の申請が本人・家族だけで難しい場合は地域包括支援センターで代行することができますが、父親は自身で申請が可能ということで、このときは情報提供のみで相談を終えました。

・コメント

親の介護保険の要介護・要支援認定を受けたいと思ったら、親が住む地域の地域包括支援センターに連絡をしましょう。申請書類の書き方や申請に必要なもの、手続きの流れなどを詳しく教えてもらえます。申請方法は市町村のホームページなどでも確認できますが、地域包括支援センターでは申請手続き以外にも、介護に関するちょっとした疑問や悩みの相談も受け付けています。

ケース3　独居の母親に認知症の症状が出てきたという娘からの相談

・相談者（高齢者との関係）：40歳女性（娘）
・高齢者の生活背景：70代前半の母親は一人暮らし。娘が近隣の市に居住
・相談内容

近くで一人暮らしをしている70代前半の母親が夜中に何度も電話をかけてくる、というお話です。あるときは「鍵をなくした」と言うので母親の家まで様子を見に行くと、本人は自宅で休んでいて、電話をしたことも覚えていなかったそうです。また「家に勝手に人が入ってきて、お金や物を盗んでいく」という話も繰り返すようになりました。1日に何回も電話をかけてきて仕事にも支障が出てきたため、市の窓口に相談したところ、地域包括支援センターで相談するよう紹介されたということです。

・地域包括支援センターの対応

相談者（娘）の話を聞いて、まずセンター職員が母親の自宅を訪ねて様子を確認したい

と提案したところ、「親に自分が相談したことを知られたくない」という希望がありました。そこで職員は、管轄地域の高齢者宅を訪問しているふうを装って母親宅を訪問しました。そこで母親の日常生活のことや不安に思うことなどについて聞き取りをし、ちょうど「ものわすれ予防検診（※）」があるから受けてみないかと勧めました。母親は娘さんから物忘れを指摘されると強く反発していたようですが、職員の勧めで案外すんなりと受診することを了解し、予防検診を受けたあとに介護保険申請も行いました。

要介護認定の判定が出るまでの間は職員が見守りのために定期的に電話や訪問をし、1カ月ほどして要介護2の判定が出たところで介護保険サービスの利用を開始しました。現在母親は地域密着型サービスの一つである小規模多機能型居宅介護を利用し、通所や宿泊サービスを導入しながら、一人で穏やかな在宅生活を送っています。今年で初回の相談から2年が過ぎましたが、今でもセンター職員が電話・訪問による見守りを継続しているケースです。

（※ものわすれ予防検診……久留米市では、久留米大学高次脳疾患研究所との共同事業として「ものわすれ予防検診」を実施している［令和5年度実績］。対象は市内の65歳以上の人。①血圧・体組成測定、②認知機能検査、③脳血流検査、④絵画検査、⑤嗅覚・聴覚検査により、認知

機能の状態を確認する）

・**コメント**

認知症の人は、家族が受診を勧めると「自分は病気ではない」と主張して受診を拒否することがよくあります。ですが「本人も何かおかしい」という自覚や不安はあり、家族以外の第三者が受診や検査を提案すると、思いのほかスムーズに医療につながることがあります。認知症で生活に支障が出てきているのに家族が病院に連れていくのが難しいというときは、地域包括支援センターに相談してもらえれば何かお役に立てると思います。

ケース4　独身の息子による高齢者虐待が疑われた事例

・相談者（高齢者との関係）：警察署

・高齢者の生活背景：80代後半の母親と、独身の60代息子の二人暮らし

・相談内容

「息子から暴力を振るわれている」と母親から警察署に直接通報があり、母親を保護していると地域包括支援センターに連絡がありました。母親本人も「息子が怖い」と発言しており、生活の分離が必要かもしれない状態でしたが、よくよく話を聞くと母親は住み慣れ

た自宅で生活したいと希望したため、自宅に戻ることになり、地域包括支援センターへと引き継がれました。

・地域包括支援センターの対応

今回の経緯を息子に確認したところ、母親は要介護３で認知症もあり、もともとはデイサービスなどの介護保険サービスを利用していました。ところがあとから同居を始めた息子さんが介護保険サービスの利用料の振り込み方が分からず滞納したため、サービスが停止されてしまい、次第にイライラが募って母親に手が出てしまったという説明でした。

そこで職員が自宅を何度も訪問して面談を重ね、要介護の母親の面倒をみている息子さんをねぎらい、サービス導入によって親子の距離を適度に保ちながら、息子さんのストレスの軽減を図ることにしました。認知症についての説明や介護方法についてのアドバイスも行ったところ、息子さんも母親の認知機能や判断力が低下していることを理解し、いたずらに感情的にならずに対応できる場面も少しずつ増えました。地域包括支援センターで３カ月集中的に関わったあとは、担当ケアマネジャーに支援を変更し、地域包括支援センターのスタッフはケアマネジャーの後方支援を行うことで関わりを継続しました。

初回の支援から３年が経過した頃、再び息子さんの暴力が原因で母親から「家を出たい」との訴えがあり、再度地域包括支援センターが主体となって電話・訪問、ケアマネジャー支援をしながら対応を続けていくことになりました。今後も息子に対する支援を続けるとともに、場合によっては母親を介護施設に入所させるなど、世帯分離によって安全を確保することも検討していく必要があります。

・コメント

地域包括支援センターには高齢者本人やその家族からだけでなく、警察や民生委員、ケアマネジャーなどの高齢者支援に携わる人から相談がくることもあります。この家族の場合、警察から連絡があったことで息子による身体的虐待が発覚し、支援を始めることになりました。読者の皆さんも自分自身が「虐待をしてしまいそう」と感じたときや、身近な地域で「高齢者虐待では」という状況を見聞きしたときは、その地域の包括支援センターに連絡をしてほしいと思います。事前相談は決して恥ずかしいことではありません。虐待防止のための勇気ある行動であり、かつ有効な防止法の一つでもあるのです。

ケース5　80代の夫が退院する予定だが、どうしていいか分からないと相談

・相談者（高齢者との関係）：80代女性（妻）

・高齢者の生活背景：自宅で80代夫婦二人暮らし

・相談内容

80代の夫が家で転んでしまい、右大腿骨頸部を骨折したため、入院治療が行われました。入院中に病院の勧めで介護保険の要介護認定の申請を行い、要支援2の認定を受けることができましたが、退院して自宅に戻るにあたり、何を準備したらよいか分からないということで地域包括支援センターに相談に来ました。

・地域包括支援センターの対応

地域包括支援センターの職員が夫の現在の状況について妻に尋ねると、夫は屋内で壁などに手をついて何とか伝い歩きができる状態ということでした。退院後の生活に関しては「入院前のようにグラウンドゴルフがしたい」との意向があるようですが、歩行・体力面に自信がなくなり、諦めてしまっているようだという話です。

地域包括支援センターの職員からは、本人が屋内で安全に動けるように、手すりの取り付け、段差の解消といった生活環境の整備が必要なこと、趣味だったグラウンドゴルフを再開するためにも退院後に通所リハビリを利用することを提案しました。

さらに夫の担当となった職員は病院の医療相談員に連絡を取り、退院前に行われる家屋調査に同行し、夫にとって適切な環境整備内容について確認を行い、妻に地域の事業者に手すりの取り付けや段差解消のための工事を依頼してもらいました。そして退院前に夫・妻・医師・医療相談員・介護サービス事業所などとサービス担当者会議を行って退院後のサービス調整を行い、予定どおりに退院して夫は自宅に戻ることができました。

退院後は地域包括支援センター職員が介護予防ケアプランを作成し、本人の目標であるグラウンドゴルフの再開に向けてリハビリテーションと支援を継続しています。

・コメント

高齢者の退院後の在宅療養が不安なときも、地域包括支援センターに相談してほしいと思います。入院中の場合、病院の医療相談員が担当ケアマネジャーや地域包括支援センターにつないでくれることもありますが、この人のように病院の支援がないときは家族が相談をしてもかまいません。入院治療後、要支援になった人は地域包括支援センターがケアプランを作ります。センター職員が入院中や退院前カンファレンスに参加をして、本人や家族の意向を確認したうえで安全な住環境を整えたり、本人の心身機能の維持・向上、介護予防のための取り組みを提案したりしていきます。なお、要介護1以上の人はケアプラン作成事業所のケアマネジャー（介護支援専門員）が同様に担当します。

ケース6　母親の性格が変わってしまったと困惑した息子から相談

・相談者（高齢者との関係）：60代男性（息子）
・高齢者の生活背景：80代後半の母親と息子夫婦の三人暮らし
・相談内容
80代後半の母親と同居で生活している息子が「最近、母親の性格が変わってしまったのか、怒りっぽくなった。物忘れも多くなってきて、財布がなくなった、盗られたと訴えてくる」と母親への対応に困惑し、これからどうしたらよいかとセンター窓口に相談に来ました。

・地域包括支援センターの対応

地域包括支援センターには一定数の認知症地域支援推進員が常駐しています。職員は息子さんに母親がいつからそのような状態になったのかを尋ねました。息子の話では、母親の物忘れが出始めたのは1年ほど前からで、物盗られ妄想が出始めたのは半年前とのことでした。母親に大きな持病はなく、年相応の物忘れはあるものの、昔から病院嫌いで健診にも行かないような人だったということです。聞き取り内容から認知症が疑われるため、「認知症ガイドブック」を使用し、早めに受診してもらうように勧めました。もし本人が受診しようとしないときは、認知症初期集中支援チームが対応することもできること、また認知症の進行状況に合わせて利用できる制度・サービスについても説明を行いました。そして地域包括支援センターの職員が本人と面会をさせてもらうことにしました。

後日、息子さんの立ち会いのもと母親と面会した際「地域包括支援センターの▲▲です」と説明しましたが、時間が少し経つと「あなたは誰ですか？」と何度も確認されるような状況でした。季節は夏でしたが、冬の装いで「今は冬でしょ？」と認知症が疑われる状態があることが確認できました。そこで息子さんとともに病院を受診するよう母親に勧めましたが「私は病気じゃないし、病院へは行きたくない」と強く拒否を示されました。そのため息子さんの同意のもと認知症初期集中支援チームに協力を依頼。専門スタッフが定期的に訪問しながら、認知症専門医の協力を得て、介護保険申請を行いました。そして、要介護1の認定が出たあとに、介護保険サービス利用をスタートすることができました。

・コメント

認知症に対し、本人や家族だけで対応ができないときに、専門職が集中的に支援に入り、本人や家族の安全や生活安定を図るのが認知症初期集中支援チームです。これは久留米市だけでなく、全国の市町村で組織されているものです。本来はいわゆる認知症予備軍と呼ばれるＭＣＩ（Mild Cognitive Impairment）や認知症初期の人を早期に発見して支援につなげ、症状の進行・悪化を防ぐ目的で設置されましたが、現状は認知症が進行している高齢者が多いため、初期というより進行した認知症の高齢者・家族の支援が中心的な業務になっています。

ケース７　介護のことを考え、田舎から都市部に転居した70代のＥさん

・相談者（高齢者との関係）：70代女性（本人）
・高齢者の生活背景：一人暮らし
・相談内容

Ｅさんが以前住んでいたところは佐賀県の田舎で病院も遠く、地域の介護サービス資源も十分とはいえないような地域でした。友人に福岡県久留米市は病院・介護のサービスが充実していることを聞き、高齢になり先々の介護の不安などから、自ら決意して久留米市に引っ越しをしてきました。今のところ心身ともに元気ですが、新しい環境にまだなじめず、地域に友人もいないため、家で一人で過ごすことが多くなっているとのことでした。以前は趣味でお茶、お謡いなどをやっていたそうですが、どこか「地域の人と交流できる

場」がないか、と相談に来ました。

・地域包括支援センターの対応

地域包括支援センターの職員は、Eさんのお住まいの校区コミュニティーセンターで行われている活動（お茶、お謡い、書道等）の情報を提供しました。Eさんはさっそく興味を示し、見学したいと希望されたため、活動の世話をしている民生委員兼ふれあい班長（※）の方を紹介しました。地域包括支援センターでは利用者の要望に対応する情報提供や、地域活動の後方支援をするのが業務ですので、その後はEさん自身が主体的にどの活動に参加するか・しないかを選択することになります。見学の結果、Eさんは地域の活動をたいへん気に入られたようで、お茶・お謡いのサークルに加入し、後日には「友人もできて趣味の継続につながった」とうれしそうに報告してくださいました。

（※ふれあい班長……久留米市の校区社会福祉協議会の活動である「ふれあいの会」の班長。ふれあいの会は地域の住民同士によるボランティア活動で、「ふれあい訪問活動」「食事サービス」「ふれあい・いきいきサロン」の活動を3本柱として地域住民や高齢者の健康・いきがい・安心づくりに取り組んでいる）

・コメント

この女性のように頭も体も元気で、自分の意思で介護サービスの充実した市町村に引っ越そうというような元気な高齢者でも、環境の変化によって、思いがけずうつ傾向が生じてしまうことがあります。介護が必要になった親を子どもの近くに呼び寄せるような場合、環境が変わったことで親の心身に変化が生じていないか、慎重に見守っていく必要があります。親が転居後の地域でやりたいことや、顔見知りの人・友人を見つけられるように家族もサポートすることが大切です。

ケース8　担当ケアマネジャーが、高齢者の体のあざに気づいて相談

・相談者（高齢者との関係）：担当ケアマネジャー
・高齢者の生活背景：80代後半の母親と独身の50代娘の二人暮らし
・相談内容

母親は脳梗塞後遺症による右半身まひのため重介護状態でした。失語症に加え認知症の進行もあり、呼びかけには反応しますが直前のことはまったく覚えておらず、判断能力もほとんどない状態でした。介護保険を申請して要介護4の判定で福祉施設のデイサービス

を週2回利用している状況でした。

ある日、母親の担当ケアマネジャーから地域包括支援センターへ「デイサービス職員からの報告で、本人の体に不自然なあざがある」との通報が入りました。

・地域包括支援センターの対応

担当ケアマネジャーと地域包括支援センター職員で事実確認のために訪問を行いました。

母親および娘さんに事情を尋ねると、娘さんは「本人が排泄に失敗するとついイライラしてしまい、つねったり、腕を強くつかんだりしてしまう」ということでした。娘さんは日々の重度介護と失禁が多いことについ苛立ってしまうため、いずれは施設への入居を考えているということでしたが、母親がいなくなると寂しいという気持ちもあり、現時点では今すぐの施設入居は考えていないという話でした。

これらの調査結果をもとに、地域包括支援センター、担当ケアマネジャー、市担当者とでサービス担当者会議を行いました。その結果、養護者（娘）による身体的虐待が確認されましたが、養護者には虐待の自覚があり反省もあるため、今すぐに親子を分離しなければならないほどの緊急性はないと判断しました。

会議の結果、養護者（娘）を支援するため、介護保険サービスのデイサービスの回数を増やし、時にはショートステイ（短期入所）も利用することで娘さんの介護からのレスパイト（息抜き、休息）を図る機会を増やすことを提案し、娘さんも合意されました。それから2～3カ月観察を続けましたが、身体的虐待の事実が解消されたのを担当ケアマネジャーから確認し、地域包括支援センターとしての虐待対応を終了しました。

・コメント

高齢者の要介護度が高くなると、それだけ介護をする家族の負担も大きくなります。真面目な人ほど「自分が頑張らなければ」と思い詰め、心身ともに限界にまで追い込まれた結果、高齢者虐待につながってしまう例もあります。この娘さんの場合は虐待をしている自覚がありましたが、なかには虐待の自覚もなく、暴力などがエスカレートしてしまう場合もあります。虐待で高齢者が命を落とすようなことがあってはなりませんし、また家族が介護で疲弊して倒れてしまうのも問題です。「介護がつらい、しんどい」というときはケアマネジャーやホームヘルパーなど、誰でもいいので遠慮なく周りに思いを伝えてください。チームで情報を共有しながら支援方法を考えます。

ケース9　金融機関からの相談で、成年後見制度支援を行った事例

・相談者（高齢者との関係）：高齢者の利用する金融機関担当者
・高齢者の生活背景：80代女性と70代夫、50代息子の三人家族
・相談内容

80代の女性Fさんは70代の夫と知的障害をもつ50代長男との三人暮らしです。Fさんが銀行を訪れた際に「夫から通帳や印鑑を隠される。バッグや洋服を細かく切り刻まれた。夫から蹴られた」などの発言をしたため、銀行の担当者が認知症を疑い、Fさん本人の同意を得て地域包括支援センターに相談しました。

・**地域包括支援センターの対応**

相談を受けてセンター職員がFさん宅を訪問し、Fさんと夫にこれまでの経過を確認しました。長らく世帯の金銭管理（Fさんの年金＋夫の年金）はFさんが行っていたようですが、Fさんが通帳や印鑑をたびたび紛失するようになったため、夫が自分の年金は自分で管理するようにしたところ、Fさんは自分の年金まで夫が盗ったと疑うようになったようです。Fさんから攻撃を受けることで夫の精神的負担も増していました。

家庭訪問時、自宅内は物があふれており、足の踏み場がない状況でした。Fさんは昼夜

を問わず物を捜しては、置き場を変えるため、物がどこにあるか分からなくなっていました。Ｆさんと夫との面談を通して、Ｆさんの認知機能低下や妄想性障害が疑われたため、専門医の受診を促し、認知症の診断を受けました。

医師の判断でＦさんは入院精査を受けることになりました。入院費の支払いのため、Ｆさん名義の通帳から引き出しが必要でしたが、Ｆさんが「夫が盗むから管理させたくない」と言われたため、成年後見制度の活用について検討を始めました。

夫と成年後見センターへ相談に行き、申立てに必要な書類などの準備や医師への診断書の依頼などの支援を行いました。退院後、Ｆさんが在宅で夫と生活するのは難しいと判断し、グループホームへの入所申し込みの支援を行いました。同時に、知的障害のある息子についても高齢になった父親との二人暮らしは困難と判断されたため、障害者基幹相談支援センター（※）へ依頼し、障害者施設への入所となりました。

（※障害者基幹相談支援センター……障害者基幹相談支援センターは、障害者と家族のための地域の相談支援の拠点として総合的な相談業務〈身体障害・知的障害・精神障害〉及び成年後見制度利用支援事業を実施し、地域の実情に応じて総合相談・専門相談、権利擁護・虐待防止、地域移行・地域定着、地域の相談体制の強化の取り組みなどの業務を行う［厚生労働省資料より］）

・コメント

高齢の夫、認知症の妻、知的障害があり引きこもりの子どもという、家族全体に対する支援が必要なケースです。長年引きこもり状態にある子どもと高齢の親は「８０５０問題」ともいわれますが、親も子も支援が必要なケースは近年増加する傾向にあります。現在、日本では高齢者と障害者に対する支援制度が異なるため、この家族は一家三人で別々の場所で暮らさざるを得なくなってしまいました。今後は、障害がある子どもと高齢の親がともに支援を受けながら、一緒に生活できるような制度設計も検討されていくべきだと感じています。

ケース10　受診を拒否する高齢者を認知症初期集中支援チームで支援

・相談者（高齢者との関係）：50代女性（長男の妻）

・高齢者の生活背景：80代前半の母親と、息子夫婦とで同居

・相談内容

Gさんは80代前半の女性です。もともとは温厚な性格で、日頃から老人クラブの役員など、地域で活発な活動を行っていました。ところが最近、急に怒りっぽくなり、都合が悪

くなると態度が急変したり、会議に出席した際に何度も同じ質問をしたりするようなことが起こっていたようです。

また家庭内においても生ごみをタンスに入れる、食べ物が腐っていると外に投げる、便失禁があってもお風呂に入らない、万引行為をするなど、それまでのGさんとは思えない行動が確認されていました。同居の長男は「母親の性格だろう」と言い、別居の長女は兄夫婦が「ちゃんと母のことを見ていないのが悪い、母親の部屋も掃除していない、母を監禁している」と長男の妻が責められることが増え、悩んだ長男の妻が地域包括支援センターに相談に来ました。

・地域包括支援センターの対応

長男の妻の話では、Gさんは病院を受診することを拒否、介護保険などのサービスにも拒否感が強く、家族の介護負担や精神的負担が大きくなっていることがうかがえました。

まずは専門医の受診を最優先と考え、家族に「認知症初期集中支援チーム」の説明を行い、家族同意のもとに、初回介入の日や面談場所の設定など、本人との関係性を作って面談ができるように調整を行いました。

6カ月の間において、Gさん本人の受診を認知症初期集中支援チームが促し、地域包括支援センター職員は介護保険の申請やケアマネジャー調整、サービス調整を実施しました。一方で家族間での意向の相違もあったため、家族への現状説明や必要な支援についての説明などを行い、家族間のあつれきの緩和や精神的負担軽減を行いました。

Gさんは介護保険サービスを開始したあとにも受診やサービス拒否がみられ、相変わらず地域での近隣トラブルなども続いていました。担当ケアマネジャーを中心にGさんのサービス利用の再開やかかりつけ医との連携を行いながら在宅支援を行いました。さらにセンター職員は家族からの相談や経済面の相談に対応してきましたが、最終的には在宅生活を継続するのは困難という判断になり、Gさんは介護保険施設へ入所することになりました。

・コメント

認知症で暴力や暴言、近隣住民とのトラブルといった周辺症状が強く出てしまうと、介護をする家族も非常に疲弊します。さらに家族間で認知症に対する認識や介護についての考えが異なると、さらにストレスが高まります。家族との関係は人によって千差万別ですが、家族全体で認知症という病気に対する理解を深めるとともに、家族みんなで協力して見守れるような関係を築ければ、もしかしたらGさんの経過も違うものになっていたかもしれません。

ケース11　消費者被害に関する80代後半女性一人暮らしのHさんの事例

・相談者（高齢者との関係）：民生委員、消費生活支援センターの相談員
・高齢者の生活背景：80代後半女性で一人暮らし
・相談内容

地域の民生委員から、「葬祭会社②より未払いがある身寄りのない独居高齢者がいる。訪問してみたところ、ほかにも金銭面のことで気になることが多いので支援してほしい」との相談を受けました。

地域包括支援センターの職員が家庭訪問したところ、今度はHさん本人から、「葬祭会社①の互助会費の未払いが続いており、解約したいが証書が見当たらず、解約手続きができない」という相談を受けました。

ところが、同日に今度は消費生活支援センターの相談員から「互助会の解約を希望している独居高齢者で、自ら葬祭会社①に解約の申し入れの連絡をしているが、うまく意思の伝達ができないようで解約に至っていない。葬祭会社①に対して、本人同席のもとに消費

生活支援センターで解約手続きを進める方法を提案しているが、葬祭会社①は本人宅で解約手続きを行う予定と回答するばかりで話が進んでいない。認知症があるような話や身寄りがいないとも聞いているので、解約手続きに同席をお願いできないか。また介護が必要な状況とも思われるので支援をお願いしたい」という相談がありました。

・地域包括支援センターの対応

地域包括支援センターで、Hさんの葬祭会社との契約を確認したところ、葬祭会社2社に対して複数の互助会契約があることを確認しました。

［葬祭会社①］　＊2口契約（満期分：30万円コース、未払い分：30万円コース〔分割で10万円支払い済み〕）

［葬祭会社②］　＊1口契約（未払い分：60万円コース〔分割で40万円支払い済み〕）

支援内容としては、主治医と現状を共有する中で、本人の事理弁識能力を確認して精神科病院を紹介しました。鑑定の結果は「後見相当（精神上の障害により事理弁識能力を欠く状況にある）」ではなく、「保佐相当（事理弁識能力が著しく不十分である）」という診断が下りました。

この時点でHさん本人は葬祭会社②との契約を維持したいとの意向があるため、金融機関の渉外担当者と連携し、本人の金融資産を保護する手続きを行いました。また葬祭会社①に対しては消費生活支援センターより、県の条例に基づく指導後、地域包括支援センターが立ち会うかたちで割賦販売法に基づく解約手続きの明記と本人が保佐相当であることを根拠に、解約手続きの支援を行いました。

Hさんの場合は身寄りがなく、意思決定も十分にできる状態になかったことから、市長名による成年後見制度の申立てを行い、審判後に保佐人と連携し、介護保険サービスの調整などの生活支援を行いました。

・コメント

一人暮らしの高齢者、身寄りのない高齢者で、認知機能が低下してきている人は悪質商法や詐欺の被害に繰り返し遭ってしまうケースがあります。離れて住んでいる家族は、時々高齢者宅を訪問し、おかしな契約や不審な購入物がないか、チェックすることを心がけてください。高齢者の消費者被害や財産管理についての相談も、地域包括支援センターで受け付けています。

ケース12　介護離職を防止するために、制度や手続きについて支援

・相談者（高齢者との関係）：40代女性（娘）
・高齢者の生活背景：80代で一人暮らしする母親を遠距離で介護
・相談内容

40代のIさんは東京在住の女性です。母親は地元の福岡で一人暮らしをしていましたが、転倒して骨折で入院となりました。Iさんは病院から連絡を受け、1週間ほど仕事を休み、必要な手続きや付き添いを行いました。その後にリハビリテーション専門施設に移り、3カ月程度のリハビリを行う予定ですが、母親は入院を機に心身ともにすっかり弱ってしまい、リハビリも思うように進んでいないとのことでした。Iさんは「自宅に戻り、自分のペースで生活したほうが元気をとり戻せるのでは」と期待する思いもある半面、母親の今の様子を見ていると、とてもこれまでのように一人で在宅生活ができるとは思えず、自分が仕事を辞めて実家に戻るべきか、悩んでいるということです。当初はメールで問い合わせがありましたが、母親の見舞いのために久留米市に来るタイミングで一度面談を行うことにしました。

・地域包括支援センターの対応

現在のIさんの状況は、独身で会社の正社員として働いているということです。介護のために退職してしまうと、Iさん自身の収入が絶たれてしまい、介護を終えたあとに再就職をしても今のような給与は得られず、生活に困窮する恐れがあると考え、国の介護休業制度に関する情報を提供し、介護のために離職することはできるだけ避けるようにアドバイスを行いました。Iさんは「勤務先でこれまでに介護休業制度を使った人の話は聞いたことがない」ということでしたが、労働者から申請・請求をしなければ利用できない制度であることを強調し、まずは管理職と話をしてみるよう提案しました。

帰京してIさんが職場でおそるおそる上司と話をしてみたところ、幸いにも職場の理解を得られることが判明しました。同時に病院の医療相談員が介護保険の代行申請を行い、要介護2の認定が下りたため、Iさんは母親の退院のタイミングで2カ月の介護休業を取得しました。

Iさんは退院する母親のために住宅改修や介護ベッドのレンタルといった環境を整え、日常生活支援などの在宅介護の体制が整うのを確認して、東京に帰ることができました。今でもIさんは東京で仕事を続けながら、担当ケアマネジャーなどの介護チームと常に連携をとり、在宅生活を続ける母親を見守っています。

・コメント

現役世代の人が、親の介護のために「介護離職」をするのは最後の手段です。介護離職をせずに済むように情報を集め、さまざまな支援策を活用してほしいと思います。ケアマネジャーや介護チームとしっかり連携してもらえれば、仕事をしながらでも遠距離でも介護はできます。任せられる介護はプロに任せ、本人がしたい生活を送れるように協力するのが、親子がともに笑顔でいられる現代の介護スタイルです。

第5章

大切な親に元気に長く生きてもらうために——

一日でも早く介護の準備を整える

「親の介護」に備えるためには、日頃から家族で対話することが大切

高齢の親をもつ人がこれからの介護に備えるには、まず「介護は誰もが通る道」であることをあらためて自覚しておくことです。健康意識が高く介護予防に熱心な人、体力に自信があるシニアでも、加齢に伴う心身の変化を避けることはできません。

ちなみに70代前半で今も医師として現役で働く私も、もともと体力には人一倍自信があった一人です。34歳からトライアスロンを始め55歳までレースに参加していました。65歳まではトレーニングを続けていましたが、長年の無理がたたって腰痛を悪化させ、2017年に脊柱管狭窄症の手術をしています。その後も軽い脳梗塞を起こしたこともありますし、狭心症に対しては冠動脈ステント術、不整脈の治療などを行いながら現在に至っています。

幸い脳梗塞の後遺症などはなく、心臓も安定しており、元気に仕事をしていますが、腰痛や足のしびれなどがあり足元には不安があります。つい先日も小学生の孫と山道を散策

していて足を滑らせ、右股関節内転筋の肉離れを起こし、10日間ほど入院しました。今は日常生活に支障はありませんが、現時点で高齢者の自立度や健康度を測る「基本チェックリスト（73ページ）」をやってみると結果は「運動機能低下」であり、地域包括支援センターの介護予防・生活支援サービスの事業対象者に該当します。体力維持のために健康教室に通うという選択肢もありますが、私は、できるだけ長く仕事を続け社会との交流を維持していくことと、いきつけのスポーツクラブでのトレーニングを欠かさないようにしています。

現在の日本の高齢者医療・介護の世界では、年齢や自立度によって高齢者を分類し、「要介護になった」「まだ大丈夫だった」と線引きをして、本人も周りの人もそれに振り回されている面もあるように感じます。人間も生物である以上、年をとって心身が弱り、やがて命の終わりを迎えるのは至極当たり前のことなのです。

親の介護への備えということでは、厚生労働省の資料に「親が元気なうちから把握しておくべきこと～突然、介護に直面しても困らないために～」（厚生労働省「仕事と介護の両立支援」）というものがあります。5つの項目からなり、取り組みたいことやチェックリストが設定されており、それに回答・記入していくと介護への備えになる仕組みです。

これから親の介護を考えたいという40～50代の現役世代には非常に役立つ内容になっていますので要点を抽出し、私なりの解釈も加えつつ次のようにまとめました。

介護の備え①　親が65歳、または自分が40歳になったら介護について話し合う

親が元気なうちは、家族から「介護が必要になったらどうするか」はなかなか切り出しにくいものです。そこで親が65歳になって介護保険証が届くタイミング、あるいは子どもが40歳になり、自分が介護保険料を納付する年齢になったら、それを機に介護について話し合ってみることを提案しています。親が65歳というのは一つの目安に過ぎませんが、日頃から本人と家族とで介護について話し合える関係を作っておくことは重要です。

介護の備え②　親の生活や健康状態、介護への考え方などを把握する

私が思うに、親が安心して暮らせる良い介護をするには、あらためて親のことをよく知るというプロセスが欠かせません。親が日々どんな暮らしをしていて楽しみや困りごとは何か、地域にどんな友人や仲間がいるかなど生活全体について把握することが、高齢の親のサポートを考えるときの材料になります。厚生労働省の資料では次の項目がチェックリストになっています。

□親の老後の生き方の希望（介護が必要になったら誰とどこで暮らしたいか、最期はどこで過ごしたいか、延命治療を希望するかなど）
□親の生活環境・経済状況（生活パターンや生活の困りごと、健康保険証や通帳などの重要書類の保管場所など）
□親の趣味・嗜好（趣味や楽しみ、好きな食べ物など）
□親の周囲の環境・地域とのつながり（近所の友人や地域活動の仲間、民生委員や配達員など見守りをしてもらえる人がいるか、など）
□現在の親の行動面・健康面の状況（既往歴や血圧、飲んでいる薬、かかりつけ医のほか、食事をとれているか、物忘れが出ていないか、聴力や日常生活動作はどうか、など）

介護の備え③　介護をする人（家族の介護体制）を考える

おそらく高齢の夫婦二人暮らしでは、配偶者がある程度健康で自立していれば、配偶者が主たる介護者になることが多いと思います。問題は夫婦のどちらかが亡くなり、一人になったときです。子どもが介護者になる例が多いと思いますが、兄弟姉妹がいる人の場合、家族間でも介護に関する考えが違いますし、親との物理的・心理的な距離感も異なります。

次のような項目を確認しながら、わが家の場合を検討してみましょう。

□兄弟姉妹・配偶者の介護に関する考え方
□兄弟姉妹・配偶者の親との関係性
□兄弟姉妹・配偶者のそれぞれの家庭の状況（子育ての状況、ほかの要介護者の有無など）
□兄弟姉妹・配偶者の仕事の状況（勤務形態、転勤の有無、残業の有無、出張の頻度、勤務先の仕事と介護の両立支援制度など）

介護の備え④　親の住む地区の地域包括支援センターを確認する

介護が必要になったときはもちろん、まだ介護が必要な段階でなくても親のことで心配なことや気になることがあれば、担当の地域包括支援センターを訪問し、話をしておくとよいと思います。併せて親の住む市町村の高齢者支援サービスも確認しておくことをお勧めします。チェック項目は以下です。

□親の住む地域の地域包括支援センターの所在地、連絡先

□親の住む地域で利用できる各種介護支援サービス

介護の備え⑤　介護者の「仕事と介護の両立支援制度」を確認

介護をする人が仕事をもつ現役世代であれば、仕事と介護の両立についても情報収集をしておきます。休業や休暇を請求するには労働者から請求する必要がありますから、制度の内容や、申請の条件・方法などを知っておくことは大切です。同時に、職場の独自の介護支援策についても確認しておくとよいです。厚生労働省の資料では次のチェック項目が挙げられています。

□勤務先の仕事と介護の両立支援制度の具体的な内容（介護休業、介護休暇、その他）
□右記の両立支援制度を利用する際の申請方法

親を思うなら、老いや別れも覚悟して受け止める

私が子どもの頃、60～70年前の日本では3世代、4世代同居は当たり前でした。今と違って自宅出産が当たり前であり、私も妹の出産風景を覚えています。また、一軒家には

必ずといっていいほど仏壇があり、その上には代々の先祖の遺影が飾られていました。その家の高齢者はいずれ自分もご先祖のもとに行くのだという思いで毎日手を合わせていたものです。その後、高度成長期を経過しながら核家族化が進んでいくと、生も死も病院の中で行われるようになり、人の生老病死は日常から忘れ去られてしまいました。その結果、人の死は、日常的な出来事から、非日常かつ理不尽な事件としてとらえられるようになっています。

こうした現状をふまえ、高齢の親をもつ家族の人たちに伝えておきたいことの一つ目は、「人は老いていずれは死ぬ」という当たり前のことを日頃から認識しておいてほしいということです。先に生まれた世代が順番どおりに生を終えるなら、親を看取るのは子どもにとって必然の出来事です。ですから、自分の親の死に対してもある種の覚悟をもって受け止めてほしいと思うのです。

医学の世界には、これ以上の医学的処置は困難という状況において、延命を目的とした心肺蘇生法を行わないことを示す「DNAR（Do Not Attempt Resuscitation）」という取り決めがあります。医師が家族に対してDNARの同意を求めても、これに応じない家族が時折みられます。がん末期、脳卒中を繰り返し意識ももうろうとしている状態、誤嚥性肺炎を繰り返し胃ろう造設状態、パーキンソン病に代表される神経難病末期で寝たきり状態であるにもかかわらず、治療継続を訴え、「リハビリテーションで歩いてトイレに行けるようにしてほしい」「口から食べさせたい」「急変したら救急病院に送ってほしい」という家族が本当に多いことに驚きます。「親に長生きしてほしい」と願う気持ちはもっともですが、助からない患者に無用な延命処置を続ければ、死にゆく人を最期まで苦しめることになる、ということに思いがいかないのです。

いずれにしても家族の一方的な思いだけで本人の思いや意思に背くようなことがあってはなりません。事前に本人と話し合っておくか、本人の日記やノートがあれば、その思いを尊重してほしいと思います。

高齢世代は「自分らしい生き方」を考える

次に介護を受ける高齢者に伝えたいことは、高齢期に直面する医療や介護、生活をどうするかといった問題は決して人任せにするのではなく、「自分で自分らしい生き方を考えてほしい」ということです。

人は誰でも健康で長生きしたいと願うものです。１９４７年に採択されたＷＨＯ憲章では「健康とは、病気でないとか、弱っていないということではなく、肉体的にも、精神的にも、そして社会的にも、すべてが満たされた状態にあることをいいます」（日本ＷＨＯ協会訳）とあります。

医師である私がいうのもはばかられますが、残念ながら、今の日本の医療制度はＷＨＯ憲章が示すような、心身ともに満たされた状態を目標に治療を提供しているわけではありません。加齢に伴って検査値が変化しただけで異常や病気と見なされ、ガイドラインに沿った一律の治療が行われます。動脈硬化による血管弾力性低下の結果、収縮期血圧が高くなると、それだけで降圧剤が処方されます。しかし本来、年をとって収縮期血圧が上がってくるのはふつうのことであり、血圧が高いだけで病気というわけではありません。コレステロール、尿酸値だって同じです。加齢に伴う認知機能の低下とアルツハイマー病やレビー小体型認知症に代表されるような認知症とは違います。

それから、もし重篤な病気や重度の後遺障害を抱えることになったとき、どこまで治療を希望するか高齢者の意見をあらかじめ聞いておくべきだと私は思います。おそらく多くの高齢世代は、苦しい思いをしながらそこまでの治療は望んでいないはずです。にもかかわらず、ほとんどの人が治療についての希望がないため、緊急事態に直面してとにかく延命を望む家族の意向により、本人にとっては苦しいだけの濃厚な医療が継続されています。

さらに、住み慣れた地域、自分らしい暮らしとはどのようなものかも具体的に考えてみてほしいと思います。自分にとって住み慣れた地域とは、「自分の家」なのか「自宅近くの施設」なのか、また自分らしい暮らしとは「一人暮らし」「夫婦二人暮らし」「子ども家族と同居」「自分のやりたいようにできれば施設でもよい」、どれに当てはまるか事前に考えておくことは非常に重要です。

重い病気になったときどんな治療を受けたいか（受けたくないか）、そして要介護状態になったときにどこでどういう暮らしがしたいか、この2つに関する自分の考えを整理しておくだけで、ずいぶん気持ちが楽になると思います。

高齢者の二人暮らしであれば、次のような点を考えて決めておけば、家族や周りの意向に振り回されることは少なくなると思います。

・病気をしたらどこまで治療するのか
・要介護状態になった場合、いつまで自宅で療養をするのか

・自宅で看取りをしてほしいのか、あるいは施設入所か病院か
・一人になったらどうしたいか

例えば、80歳を過ぎてがんの宣告を受けて余命1年以内と言われたら、積極的治療はしない、自宅において夫婦で過ごす、痛みなどあれば自宅で緩和ケアを受ける、最期も自宅で逝く――と決めておくといいと思います。その目的を果たすためには、夫婦で話し合い納得しておくようにします。

そして、自分の生き方を受け入れてくれる医師を探し、在宅医療を利用する準備をしておいてほしいと思います。介助が必要となってきた場合は、訪問看護、訪問リハビリテーション、ホームヘルパーなどの介護保険による居宅サービスを利用すれば、在宅生活を維持できます。時には介護に疲れた家族の休息のために短期入所（ショートステイ）や短期入院（レスパイト）を利用するのも良いと思います。

その後、夫（妻）を看取ったあとに一人になっても、元気なうちは一人暮らしを続けるのがいいと私は思っています。永年住み続けた家には、家族との生活の思い出や匂いが残っています。そこでの生活は単なる一人の孤独な生活ではありません。

要介護状態になったら施設入所を考えることもあると思いますが、施設に入ればそれま

での日常とはまったく違う生活を送ることになってしまいます。たとえ寝たきりになっても自宅で逝くことを望めば、介護保険の訪問と通所サービスを組み合わせて利用すれば最期まで在宅生活は可能です。しかし、そのためには家族の理解とかかりつけ医の協力が必須の要件となります。なんの準備もないままでの在宅死は日本では孤独死・不審死扱いとなり、場合によっては警察が介入することになります。こうしたことに備え、準備をしておくのが「自分らしく生きる」ということではないかと私は思うのです。

ＡＣＰ（人生会議）より、書面にするか在宅チームに伝えるほうが有効

昨今では、高齢期の介護や医療、看取りの方針などについて本人と周りの人が話し合うＡＣＰ（Advance Care Planning：愛称「人生会議」）も話題になっています。ＡＣＰの定義は「将来の変化に備え、将来の医療及びケアについて、本人を主体に、そのご家族や近しい人、医療・ケアチームが、繰り返し話し合いを行い、本人による意思決定を支援する取り組みのことです」（日本医師会ＨＰ）とあります。

しかし理念や基本指針は立派でも、実際の現場では本人の意思以前に、家族の意向、専門職の考え、制度の壁などが幾重にも立ちはだかっていることも少なくないのが現状です。医療従事者に相談すれば病気の治療に偏った計画になる一方、介護事業者は介護サービスの組み合わせになりがちです。また「人生会議」という壮大な愛称がついた場面で、家族を含めた関係者大勢の前で自分の意思を明確に伝えることができる高齢者は、かなり限られる気がします。

私がこれまで出会った患者のなかで、自分らしく見事に生きたと感じる人は、元気なうちに自分の気持ちを日記や手紙の形で書面として残していました。家族に相談する人は思いのほか少ないような気がします。私の外来に来る患者のなかにも「先生にお任せします。胃ろうもしないで」「よその病院にはいきませんから、先生の病院でできる範囲でお願いします」「人工呼吸器なんかまっぴらだからね。病気で倒れたら延命処置はしないでね」と伝えてきてくれる人たちがいます。

そこで私が「分かった。ほかの先生がみても分かるようにカルテに書いておくね。それでも、ちゃんとご家族には話しておくんだよ。そうしないと子どもさんには分からないよ」と言うと、「子どもの世話にはなりたくない」「子どもに迷惑はかけられない」「子どもはあてにならないから、先生にお願いしておくの」と言います。

それは子どもから見たら、親はいつまでも元気でいることが前提だからです。両親に明らかな認知症があっても断固として認めない家族もいますし、１００歳近くなって寝たきりになっても、リハビリをしたら元気になると思い込んでいる家族もいます。その結果、ＡＣＰの話し合いでは、認知症や寝たきりをいかに予防していくか、あるいは死を目前にしたとき、延命処置はどうするかといった極端な話で終わりがちです。

そのため形式的に関係者を集めてＡＣＰをするより、私は自分の患者には、担当の看護師にも同席してもらったうえで、世間話をしながら本人の意向を聞くことにしています。必ずしも家族でなくても、患者本人としっかりした信頼関係が構築され、かつ客観的に話ができる医師や看護師などが高齢者の本音をしっかり汲み取り、そのあと本人の意向を家族に伝え支援していくことも一つの方法だと思います。

孤独死も、不幸ではなく立派な最期

高齢者本人が「一人でも最期まで自宅で暮らしたい」と希望をするとき、家族は「何かあったらどうするのか」「一人で倒れて孤独死するようなことがあれば困る」と反対することが少なくありません。ですが私は、本人がよく考えたうえで選択したことであれば、それを尊重するのが本当の意味での支援だと考えます。できれば異状死にならないように在宅で診てくれる在宅医や介護のチームとつながり、いざというときに備えて準備をしてほしいと思いますが、本人が選んだのであれば一人で死ぬこと自体は、決して不幸でも悪いことでもないと思います。

思い浮かぶのは、80代の男性Jさんの事例です。

・80代の男性Jさんの事例

Jさんには結婚して別世帯の娘が一人いました。Jさんは妻を亡くして10年以上が過ぎていました。特に病気はありませんでしたが、ある冬の夜に自宅トイレの近くで転んで頭を強打して立てなくなりました。娘が訪れるまでの3日間、誰にも気づかれず倒れたままだったようです。倒れた父親を発見した娘がすぐに救急搬送して治療が行われ、Jさんは一命を取り留めることができました。

その後、全身管理とリハビリテーションを目的に私の病院に紹介入院となりました。診断名は、脱水症、低体温症、転倒頭部打撲による急性硬膜下血腫、右顔面、肩、腰部、下肢褥瘡と記載されていました。硬膜下血腫は血腫除去術が行われていました。おそらく右半身を下に倒れたままで身動きがとれなかったために右半分に褥瘡が発生しており、完治するまでに2カ月以上を要しました。それでも退院前には自立した生活が可能なまでに回復していました。娘は「一人暮らしは危ないから」と施設入所を勧めましたが、Jさんは頑としていうことを聞きません。要支援か軽い要介護の認定はとれそうな状態でしたが介護保険サービスも拒否されました。

それから、半年余りあとに再び同じようなことが起こり、やはり救急搬送され治療後に当院に紹介入院となりました。今度は1カ月余りで退院となりました。娘に「自宅ではなく施設に入所するよう先生から説得してください」と言われましたが、それが無理なことも分かっていました。Jさんは高齢ではありましたが、認知症があるわけではありません。施設に行かず、自宅で暮らすという意思に変化はありませんでした。

その結果、娘は父親の安否確認のため毎日定時に電話をすることにしました。それからどれくらい日が経ったでしょうか、ある日、娘が、「父が亡くなりました」という報告のため来院しました。「だから言ったのに、私がもう少し強く言うべきでした。そうしたらあんな死に方はさせませんでした」と後悔に顔をゆがめています。

そこで私は「いいえ、お父様は立派に自分の人生をまっとうされました。一人で最期を迎えても悔いはなかったはずです。立派だと思います。娘さんもお父様のわがままを許したことでご心配されたと思いますが、お父様のためには良かったのではないですか」と答えました。娘は意外そうな顔をしましたが、少しして腑に落ちたというような穏やかな笑顔になりました。娘の勧めるまま、Jさんが施設に入っていたら幸せだったかというと、そうとはいえなかったはずです。おそらくJさん自身も自分で選んだ最期にきっと満足していると思います。娘にしても、親の死も覚悟しながら、本人を尊重して見守る姿勢を貫き、立派な親孝行をしたのではないかと思います。

「地域包括支援センター」の運営の実態はさまざま

行政のことは役人に任せておけばいい、一般の市民には関係のないことだと思われる人も少なくないと思います。しかし要介護になっても住み慣れた地域でその人らしく暮らせる地域をつくる「地域包括ケアシステム」の構想は、行政や各地の医師会などに任せておけば勝手にできるものではありません。地域の人も一緒に考え、お互いに支え合い、みんなで作り上げていくという視点が欠かせません。

地域包括支援センターは、介護が必要になった人を地域で支える「地域包括ケアシステム」構想の中核拠点です。この地域包括ケアシステムのなかには「地域」、「包括」、「ケア」、「システム」という4つの要素が存在しています。

まず「地域」とは「国主導」ではなく「地方自治体の責任で中学校区レベルの生活圏域を基本として」、「包括」とは「一括して（まとめて）」、「ケア」とは日常生活から医療や看護・介護を含む体や心のケア全体を指し、「システム」とは、「生活共同体の中で完結できる体制」を意味します。つまり国は大枠を決めますから、地域住民の医療・介護・福祉に関することは、各自治体が責任をもって一括して市民に提供する具体的な体制を整えなさいということです。さらには地域の住民にも「自分でできることは自分でし（自助）、必要に応じて隣人同士で助け合い、ボランティアにも協力をお願いしたい（互助）。生活上の身近な相談は最寄りの地域包括支援センターに相談しながら、介護サービスが必要になったら介護保険サービスなどを利用しましょう（共助）」という自助・互助・共助の精神が求められています。

日本は北から南まで47都道府県あり、人口密度も高齢化率もそれぞれ異なるわけですから、医療や社会保障システムを各自治体単位の運営に切り替えていくという方針は、国の考え方としては至極当然です。

ただ結果として、私たちの生活や健康管理は、国レベルから県や市町村レベルに移管され、首長（県知事、市町村長）の手腕およびお役所の力量に大きく左右されることになります。つまり、どこに住所があるかで社会保障サービスの質や量が異なってくるわけです。

全国の地域包括支援センターの課題としてよく指摘されるのが、次の3点です。

①自治体や担当職員によって対応の質が異なる
②職員の業務量が多く、対応が不十分
③（介護保険サービスとは異なり）直接的・長期的な支援を行えない

地域包括支援センターの「質」をいかに確保するか

まず①については、地域包括支援センターの設置主体は市町村ですが、運営は自治体直轄、社会福祉協議会委託、民間事業者（医師会、医療法人、福祉法人など）委託などさまざまです。国が示す運営規定は同じであっても、地域特性や高齢者人口密度は異なるため、組織の規模や形態、実行能力にはそれぞれ特徴が見られます。このため同一自治体内において母体の異なる複数の事業所の運営方針を統一したり、事業所の質を一定に保ったりすることなどは非常に困難といえます。

市町村の直轄のほうがレベルが高いと思う人もいますが、お役人は上からの指示がないと行動を起こしにくく、多様な住民の要望に柔軟に対応することは難しいものです。もし優秀な人材がいても役所の担当者は数年おきに異動があるためスキルが蓄積しにくいという欠点もあります。民間の地域包括支援センターは、手上げでの入札方式（プロポーザル）で決まるため、初めから能力に極端な差があります。結果として、自治体や担当職員の対応に差があるのは、地域包括支援センターの制度が始まったときからの大きな課題だと考えます。

②については、確かに多くの業務が役所から地域包括支援センターへ移譲されているため職員が多忙なことは事実です。しかし、業務量の多さと質の低下とは直接関係はありません。強いていえば自治体によって委託費が異なっており、資金不足のため必要数の専門職を確保できない、あるいは予算はあるが優秀な人材が集まらないといった場合、相対的

に職員一人が抱える業務量が多くなります（地域包括支援センターの人員基準では高齢者人口3000〜6000人に対して1人以上の専門職を配置することとなっていますが、6000人と30000人では、業務量に差が出てくるのは当然です）。

さらに重要なのは教育体制が充実していないと職員の質が上がらないということです。複数のセンターの専門職に対して接遇、専門的知識、事業内容の把握といったことに対する統一した教育がなされていないこと、自治体直轄の場合は窓口スタッフが一定の期間ごとに職場異動があるため、窓口業務のスキルが伝承されないことによる質の低下なども挙げられます。これも地域包括支援センターの大きな課題といえます。

最後の③については、地域包括支援センターの業務について地域住民に周知し、住民の理解を得ることが重要です。地域包括支援センターの主な業務は、総合相談支援業務、介護予防ケアマネジメント業務、権利擁護業務、包括的・継続的ケアマネジメント支援業務です。4つの分類はありますが相談者と必要なサービスとをつなぐワンストップサービスを原則としています。

例えば、成年後見の相談があると、成年後見の手続き方法を支援・指導することが役割であり、成年後見人を直接お世話することが仕事ではありません。認知症で困っていれば認知症初期集中支援チームへの橋渡しはしますが、直接的に生活支援するのは担当ケアマネジャーや介護サービス事業者です。地域のどこに認知症の人やその家族が気軽に集う「認知症カフェ」があるかという情報は伝えても、特定のカフェに利用者を紹介してくれという要望には応えることはできません。また、ケアプラン作成事業所の場所は紹介できても「良い事業所を紹介してくれ」と要望されても応えられません。介護予防についても、住民によるグループの立ち上げや地域づくりに奔走しますが、予防体操などの指導には地域の療法士へ依頼するのが役割です。

このように、地域包括支援センターは地域包括ケアシステムの中で市民と医療・介護を含むサービスとのつなぎ役、橋渡し役を担っています。直接のケアに参加するわけではないことを十分理解してもらえないと、「相談したのに何もしてもらえなかった」ということになります。何もしてもらえなかったのであれば、それはその後の医療機関やサービス事業者の問題です。それを理解されていないと「地域包括支援センターなどいらないのでは」という極端な意見になりがちですが、現時点で地域包括支援センターが地域から消えてしまえば、おそらくこれまでどの国も経験したことがない超高齢社会を生きる高齢者と家族は、水先案内人を失ってしまいます。

親の介護が必要だと思った人が地域包括支援センターを利用した際に、その対応に疑問をもったり、不満があったりした場合は、どこに連絡すればいいのか……これも自治体によって異なりますが、地域包括支援センターの管理運営責任は原則として各自治体にあります。このため、市町村の担当窓口、基幹型地域包括支援センター（自治体直轄）などに問い合わせると必ず解決策が見つかるはずです。

久留米市の場合は、一般社団法人が一括して業務委託していますので、各11地域包括支援センターに対する苦情窓口は本部事務局（中央地域包括支援センター内）か、委託元である久留米市長寿支援課の担当窓口で対応しています。

苦情内容には、状況に応じて迅速に対応していくことになっています。ある期間を通じて同じような苦情が続く場合は、スタッフ個人の問題ではなく、組織的な課題として受け止め解決していくことが求められます。

久留米市の地域包括支援センターの誕生秘話

私たちの久留米市の地域包括支援センターは、このような地域包括支援センターの課題を克服し、地域住民にとって質の高いサービスを提供すべく取り組んできました。

地域包括支援センターの前身は「老人在宅介護支援センター（以下：在介）」です。これは1994年に改正された老人福祉法により、在宅療養中の要援護高齢者やその家族を対象とした「よろず相談窓口」として設置されたものです。2005年頃までに全国に最大で8668カ所設置され、久留米市でも中学校区ごとに医療法人、社会福祉法人などの17施設に在介が設置されました。私たちの法人も他施設に遅れて1997年から在介業務を受託しましたが、決まった業務や達成目標もなく手探りの状態でした。

しかし、在介が十分に機能しないまま介護保険法の成立後の2005年にはこの制度が廃止となり、地域包括支援センターに業務が移行されることになりました。この制度により久留米市ではこれまでそれぞれの法人が単独で運営する在介が機能しなかったことをふまえ、「既存の17施設の在宅介護支援センターがまとまって一つの非営利活動法人として運営することが望ましい」と提案があったと聞いています。

しかし、経営母体が異なる複数の医療法人が共同で一つの事業を運営するなど前例がなく、さらに社会福祉法人を加えて一法人を組織するなど常識的な枠を超えています。おまけに参加法人は無報酬で理事として参加し、研修の名目でセンター職員を出向させなければばなりません。さらに久留米市は2005年2月に市町村合併したばかりであり、合併後の旧1市4町（久留米市、三潴町、北野町、田主丸町、城島町）は介護保険関連事業こそ久留米市に統合されましたが、各医師会運営は旧体制のまま残り、統合されてもいない状態でした。

当初はあまりに複雑怪奇で、私たちの法人も協力を見送ろうとしましたが、久留米市の地域包括支援ケアのあるべき姿を模索しようと市職員とともに奔走するうちに、少しずつ協力を得られる法人も現れ、私自身も手当など一切ない完全なボランティアの理事長職を懇願され、しぶしぶ承諾してしまいました。お人よしが過ぎると自分でも思うくらいです。

その後も市内の医療と福祉施設の代表者が核となり、およそ8カ月以上をかけて協議を繰り返しながら、最終的には旧在介11施設（6施設脱退）＋新たな参加法人2施設を加え、医師会、歯科医師会をはじめ、看護協会、薬剤師会、理学療法士会、作業療法協会、栄養士会の7関連団体の協力を求め、設立の合意に至ることができました。こうして2006年3月に特定非営利活動法人（NPO法人）「くるめ地域支援センター」が誕生したのです。

組織運営に関しては、設立当初は単年度の委託契約事業のため、中長期計画が立案しにくい状況の中でスタッフ29人、市内５カ所のセンター設置から開始しました。最初の数年は予算不足、人材不足、加えて事業内容について委託元である市役所との意見の相違もあり、この体制では長くは続かないだろうなと考えていました。

しかし、その後も紆余曲折を経て、11年かけて当初の目標であった11圏域すべてにセンターを設置して規定の３職種を配置するに至りました。これも参加法人、関連団体の協力さらには統一理念のもとに教育された使命感あふれる専門職の活動による結果であり、ほかの自治体では見られない組織として、将来の少子高齢化社会を担う久留米市にとっては貴重な財産になったと自負しています。

11センターを一法人で運営することで「質」も向上

久留米市の地域包括支援センターの特徴は、11センターすべての運営を一つの法人で行っていることです。法人としての社是、理念を掲げ、11センターが共通認識のもとで標準的活動指針を共有しながら、センターごとの日常生活圏域の固有の問題については、状況に応じて柔軟に対応していくことを目指しています。このような全国にも類をみない運営形態を維持していくためには「安定した人材確保」と「職員の教育体制の充実」の二つが求められます。

一つ目は地域包括支援センターに限らず、医療・介護の分野ではケアの対象となる高齢者数が増え続けているのに対し、専門職員は常に人材不足の状態にあります。市町村内の各地域包括支援センターが別々の法人で運営されている場合、保健師（看護師）、社会福祉士、主任ケアマネジャー、という主要３職種のどれかに欠員が出ても、なかなか新たな人材を確保できず、十分な体制で業務にあたれないということが起こり得ます。私たちの法人では、介護予防ケアプランセンター事業を独自で開設して、そこにケアマネジャーや各専門職をケアプラン専従員として一定人数確保しており、一部のセンターで専門職に欠員が出た場合、ほかのセンターから別の職員を配置したりケアプランセンターから状況に応じて配置転換したりするなど、人員にもある程度融通をきかせることができます。ケアプランセンター職員の人件費は久留米市からの委託費には含まれませんので、介護予防ケアプラン事業で得られた収入でまかなっています。

またセンター間の対応格差をなくすため、職員間の情報共有や意識統一にも力を入れています。各センターには複数の専門の異なる職員が在籍していますし、直接雇用の職員もいれば、法人からの出向職員もいます。センターによっても職員の体制や構成が異なりますから、法人として共通認識をもって業務にあたれるよう、定期的に情報共有をしています。毎月月初めには各センターの管理者が「代表者会議」を行い、運営に関する協議を行います。月半ばには保健師（看護師）、社会福祉士、主任ケアマネジャーが「職種会議」を実施します。また3職種の間で業務の調整が必要になることもあるため、「職種代表者会議」などを設け、頻繁に協議を重ねながら事業を遂行しています。

さらに二つ目として住民支援の質向上を図っていくため、職員の教育内容や指導方法を統一した育成カリキュラムを使用しています。新人職員や中途採用者には「教育マニュアル」を用いて指導をするほか、中堅職員には管理職研修などを行います。また特に専門的な支援が求められる虐待事例の支援充実のため「高齢者虐待対応マニュアル」を作成し、共有しています。近年、注目が高まっている介護予防については「予防給付マニュアル」を作成し、支援計画やサービス提供事業者との連携に活用しています。介護予防事業に関しては、福岡県では独自に福岡県介護予防支援センター（他県での名称は地域リハビリテーション支援センター）が福岡県の委託事業として県内4カ所に設置されています。久留米リハビリテーション病院は２００６年以来、福岡県筑後地区介護予防支援センターの委託を受け、久留米市では地域包括支援センターとの連携で活動を実施しています。
このような取り組みにより、市内の11センターで地域特性に見合った質の高い支援を提供できる体制を構築するに至りました。

地域包括支援センターを持続可能な組織にするために

私たちは職員一丸となり地域住民の皆さんの支援のために力を尽くしてきましたが、残念ながら支援が行き届かず、住民や事業者の方から苦言をもらうことも少なくありません。今後も地域包括支援センターが行政や医療介護に関わる事業者と市民生活をつなぐ組織の一つとして、より質の高いサービスを続けていくためには今の組織が抱える課題の解決策も検討していかなければなりません。

私たちはＮＰＯ法人として２００６年に発足し、２０２０年には一般社団法人へと組織再編を行い、さらに独自色が強いものとなりましたが、業務の性格上、市との委託関係に変わりはありません。私たちの法人を持続可能な組織とするためには、以下の点を改善していく必要があります。

第1に、地域包括支援センターの運営は高齢化社会における市民の生活に直結する事業であり、継続的・長期的な支援が必要にもかかわらず、現状は年度単位の市の委託事業となっています。特に久留米市の場合、市内の医療・福祉に関わる複数の民間法人と関連団体が一体となって長年にわたり事業を継続してきたことにより、実質的にほかの組織への事業移転は困難な状況です。そうした点もふまえ、現在のような期限付き委託契約ではなく、より安定した契約体制を整えることが必要と考えています。なぜなら将来にわたり高齢化と人口減少が続くわが国では、今後はますます人材確保が困難になっていくことが予想されるからです。専門職の確保と育成により安定した組織形態とするためには職員の身分と人件費を含む予算の保証が必要と考えています。

第2として2024年度3月末時点で、法的には地域包括支援センターの設置かつ運営主体は久留米市です。基幹型地域包括支援センターを設置しているほかの自治体では、基幹型が統括してセンター全体の運営責任を負うことになっていると思いますが、久留米市は基幹型がなく、一括して一法人に委託する独自の組織形態となっています。このため、組織図上の指示命令系統は、久留米市役所ではなく一般社団法人の理事会になります。つまり久留米市の場合は、国が定めたセンターの設置と委託管理責任は久留米市側にありますが、運営責任については半ば手放した状態となります。久留米市担当者は運営責任も委託元である久留米市側にあるため現場への直接指導も行うとしていましたが、それでは指示命令系統が2カ所になるため混乱を招きます。一つの法人に業務を完全委託するということはそういうことであり、現場に対する要望については必ず本部事務局を通すように依頼しています。国は公平公正な地域包括支援センター事業を目指すため自治体に対して、有識者、市民代表による地域包括支援センター運営協議会の設置を義務付け、定期開催を求めていますが、久留米市に限らず運営協議会の委員に地域包括支援センター事業を十分理解している委員が少ないことや、年に1~2回、1回1~2時間程度の会議では国が求めるような会議体にはならず、自治体側が形式だけはとりつくろったような形になっているというのが現状です。くるめ地域支援センターの理事会には医師会をはじめとした7つの関連団体が在籍しており、各代表による理事会が毎月開かれ議事録が作成されています。運営協議会を適切に運営していくうえでは、私たちのセンターで活動経験のある理事が運営協議会メンバーとして多く選任され協議に参加することが適切ではないかと考えているところです。

今後久留米市と協議を繰り返しながら、より良い組織づくりを行っていきたいと考えています。

地域住民と行政で「地域包括ケアシステム」を築こう

親が年をとり、いろいろな心配ごとが増えてくると「この先どうなるのか」と不安を覚える日も増えると思います。自分も仕事や家のことに追われる中で、確かに親の介護に向き合うのは大変なことです。しかし親が老いて心身が弱るのは特別なことではなく、人生の一過程です。家族はできれば大らかに受け止めてあげてほしいと思います。

実際には事前に準備を万端に整えて介護を迎えられるケースはほとんどないと思います。親の状態は少しずつ変わっていきますから、それに応じてその時々で支援や対応を進めていくというのが現実的です。ですから「介護の備えを完璧に」と焦るより、介護を迎えるうえで大事なことを心に留めておいてもらえればと思います。

私が何度でも強調したいのは、高齢の親をもつ人が介護について知りたい・考えたいと思ったら、親の住む地域を担当する地域包括支援センターを訪ねてくださいということです。買い物などや安否確認といった日々の支援から、介護予防の教室、介護保険の申請のしかたなど、必要な情報をまとめて得られます。同時に地域包括支援センターは親が市町村や介護保険の高齢者支援サービスにつながる最初の窓口となります。こうした社会保障サービスにうまくつながることができれば、実際に要介護になったときも本人と家族、地域の専門職がチームとなって高齢者を支えることができます。

心に留めてほしいことのもう一つは「誰のための介護なのか」を忘れないでほしいということです。家族の安心や希望のためでなく、年老いた親が納得できる生き方はどんなものか、家族も一緒に考えてあげてほしいと思います。

そして今、親の介護を考えている世代は、あと20～30年もすれば自分が介護を受ける側になります。そのときまでに高齢世代を社会全体で支える「地域包括ケアシステム」がどうなっているかも、少し想像してみてほしいと思います。

日本の医療・介護は、この20年ほどの間に新しいサービスがどんどん生まれ、様変わりしてきました。その半面、先に説明したように制度上、運営上のさまざまな課題も内包しています。地域包括ケアシステム構築の前提となる医療再編は、２０１９年末からの新型コロナウイルスのパンデミックの影響などもあり、大幅に遅れています。また日本社会は少子高齢化に伴う人口減少期に突入し、日本経済も長期低迷が続いています。その結果、現時点ですでに地域包括ケアシステムを支える人材や予算が十分に確保できるかどうかも怪しくなっている自治体は少なくありません。福岡県の中で、福岡市、北九州市に次ぐ人口規模を誇る中核市久留米市でも、決して例外ではないのです。

「高齢になり病気になっても、障害があっても、住み慣れた地域で自分らしい暮らしを続けられる」社会の実現というのは素晴らしい目標ですが、それは国や自治体が無条件に与えてくれるものではありません。一人の市民として自分ができる「自助」、地域で得られる「互助」「共助」にはどんなことがあるか、考えてみることも有意義です。そして市民とともに、公正公平で地域住民が納得できる「公助」を作り上げていく役割を担うのが、各地の地域包括支援センターなのではないかと私は考えています。

おわりに

地域包括支援センターは、これからの日本の超高齢社会を支える中核機関として2006年に全国の自治体に対して設置が義務付けられました。私が福岡県久留米市において地域包括支援センターの事業に関わるようになり18年が経過しました。設立に際し、また事業開始当初から現在に至るまで、多くの有志、団体に支えられながら運営を続けてきました。加えて活動内容を市民に広く知ってもらうために市民公開講座の開催、日常生活圏域ごとに「ほうかつだより」の配布なども行ってきました。それにもかかわらず、市民への認知度は思いのほか低く、2023年度の65歳以上の高齢者を対象としたアンケートでは「地域包括支援センターを知っている」と答えた人は全体の50％にも満たないという結果でした。

市民にとって最も身近な存在であるべき地域包括支援センターの認知度がなぜ上がらないのか。一つ目には行政用語やシステムの難しさ、二つ目には、健康な日常生活を送れている間はなじみがないこと、三つ目には行政や地域包括支援センターの周知に対する努力不足など多くの要因があると思われます。

地域包括ケアシステムの構築は、団塊の世代がすべて75歳を迎える2025年に向けて準備が進められてきています。しかし、システムの前提となる自治体ごとの医療機能分化による医療再編、医療連携は思うように進んでいるとはいえず、高齢者の在宅生活を支える介護支援サービスも、すべての地域で十分に整備されているとはいえません。そのような状況下では、一般の高齢者やその家族が「高齢期の生活や介護で困ったときの拠り所」である地域包括支援センターを知っているかいないかで、人生が大きく変わってしまう可能性もあります。

私はこれまで、リハビリテーション医療の専門性を理解してもらうために、最も難しいとされる脊髄損傷を題材とした『患者が知っておくべき脊髄損傷リハビリ』（幻冬舎メディアコンサルティング、2022年）、現代の高齢者医療における医療リテラシー（情報を正しく理解する力）について書いた『「老い」を受け入れる』（日刊現代、2023年）を出版してきました。いずれも専門性の高い医療的知識や諸種制度を一般の市民が理解しやすいようなかたちで提供することを目指したものです。専門的な知識や行政の仕組みというものは一般市民にとって理解が難しいものです。いや、一般の医師でさえ理解している人は少ないと思います。理解できなければ素通りしてしまうか、与えられた情報を鵜呑みにするほかありません。それではせっかくの一度きりの人生を主体的かつ充実して生きていくことはできません。

今回は、地域包括ケアシステムとその中核機関としての地域包括支援センターの業務を、多くの事例を挙げながら、少しでも分かりやすくお伝えするという難解な作業に挑戦することになりました。私一人では非常に難しい作業でしたが、久留米地域包括支援センターの土師祥志、橋本実紀、稲田臣治、栗谷昌といった各管理者、および長年にわたりともに運営に関わってきた佐々木弘州本部長との合同意見交換会などを行った甲斐もあって、読者により伝わりやすい書籍が出来上がったのではないかと思います。

この本により全国の地域包括支援センターの知名度が高まるとともに、その役割や業務が広く理解され、市民の皆さんのご意見・ご指導により、本来の目的である市民のための地域包括ケアシステムが構築されていくことに期待したいと思います。

柴田 元（しばた はじめ）

1977年、久留米大学医学部卒。同第３内科（現：心臓・血管内科）入局。1979年、門司市民病院勤務を経て、1980年、国立循環器病研究センター勤務。1983年、久留米大学医学部第３内科助手。1985～1987年、産業医科大学リハビリテーション科非常勤講師。1995～1996年、デンマーク、ドイツ、イギリスなどで医療・介護・福祉研修。1996年、医療法人かぶとやま会理事長／久留米リハビリテーション病院院長に就任。

本書についての
ご意見・ご感想はコチラ

親の介護を考え始めたら読む本

2024年4月26日　第1刷発行

著　者　　柴田 元
発行人　　久保田貴幸

発行元　　株式会社 幻冬舎メディアコンサルティング
〒151-0051　東京都渋谷区千駄ヶ谷4-9-7
電話　03-5411-6440（編集）

発売元　　株式会社 幻冬舎
〒151-0051　東京都渋谷区千駄ヶ谷4-9-7
電話　03-5411-6222（営業）

印刷・製本　中央精版印刷株式会社
装　丁　　弓田和則

検印廃止

Printed in Japan
ISBN 978-4-344-94786-3 C0036
幻冬舎メディアコンサルティングＨＰ
https://www.gentosha-mc.com/